未来
与最聪明的人共同进化

CHEERS

HERE COMES EVERYBODY

CHEERS
湛庐

一生受用的『结构化思考』

[日]安藤芳树 著
姚奕崴 译

浙江教育出版社·杭州

你会用图表有效表达观点吗?

- 文章可以做成图表吗?
  A. 可以
  B. 不可以

- 要想打造出让甲方说"Yes"的文案,你需要更多在以下哪方面下功夫?
  A. 照片
  B. 文章
  C. 数据
  D. 图表

- 练习结构化思考的七图法时,最关键的步骤是以下哪项:
  A. 把字体调整为宋体
  B. 按照"一框一句"的原则填写句子框格图
  C. 思考表达的目的
  D. 分析框格之间的联系

扫码加入书架
领取阅读激励

扫码获取全部测试题及答案,
一起了解如何用图表有效
表达观点

扫描左侧二维码查看本书更多测试题

推荐序

结构化思考的实用工具

张璐
六页纸文化 CEO

在今天这个信息爆炸的时代,我们每天都会接触到大量的碎片化信息,如短视频、微信等。这些信息往往杂乱无章,难以消化吸收,长此以往会让大脑陷入混乱的状态,对于职场人士来说,这不仅降低了工作效率,还影响了清楚组织语言、准确表达自己思想的能力,也就是结构化思考的能力被严重削弱。

为解决这个问题,本书作者安藤芳树提出了一种简单易行的思考训练方法——七图法。

一生受用的"结构化思考"

什么是结构化思考？我认为结构化思考可以系统、全面地思考和解决问题，即先从整体把握问题，然后逐步分析各个部分，最后再回到整体，从而把握事物的关键本质和问题的关键点。

结构化思考的起源可追溯到20世纪初的格式塔心理学派，他们提出了"整体论"的观点，强调把事物作为有机的整体来思考，而不是简单的部分加和。这种思维方式影响了20世纪的管理学和系统论。在商业战略和决策制定领域，迈克尔·波特提出了许多关于行业分析和战略规划的结构化框架。同期，英国心理学家托尼·布赞认为，人类大脑对图像和空间信息的处理能力远胜于对线性文字的处理能力，他将这一原理应用于学习和记忆方法。1974年，东尼·博赞出版了《思维导图》，将复杂的信息通过图形化的方式进行组织，形成一个中心、多个分支节点的结构，帮助人们更直观地看到信息之间的关系。

到创新领域，结构化思考理念以设计思维的形式引入到产品设计与用户体验中，代表作品有蒂姆·布朗的《IDEO，设计改变一切》[1]。在企业界，亚马逊的创始人贝佐斯要求公司管理层采用不超过六页的备忘录取代PPT进行会议和决策，并被国内的字节跳动、美团等公司引入，是结构化思考应用在企业场景的典型案例。这种"写作即思考"的方法也是我现在主要的研究方向——六页纸工作法。

---

[1] 用设计思维来解决需要多方考虑的抽象问题时，往往能发挥强大的功效。该书中文简体字版已由湛庐引进，浙江教育出版社于2019年出版。——编者注

推荐序
结构化思考的实用工具

近年来,结构化思考理念被引入个人成长与自我管理领域,代表作品有戴维·艾伦的《搞定I:无压工作的艺术》、斯科特·扬《如何高效学习》等。可以说,结构化思考在商业领域和个人成长领域都有着广泛的应用,但能够把两者结合的著作并不多。

本书的作者安藤芳树在商业分析领域资历深厚,他在大型广告公司工作多年,长期从事对市场和消费者数据的深入研究。多年实战使他积累了丰富的一线经验并独立研发出七图法这一训练结构化思考的方法。他已经通过内容提要的形式,概括了上百本商业类书籍,深受业内好评。经过长期实践验证和改进,这一方法已成为一种独特的思考训练体系,帮助众多企业管理者和员工提升工作能力。

把流程图和结构化思考进行结合,可以说是安藤芳树在本书中的一大创新。本书提供了大量案例分析与训练,还介绍了七图法在撰写提案、汇报、会议等工作场景中的具体应用,引导读者在实践中掌握七图法的使用技巧。制作图表可以让思考过程可视化,帮助人们更直观地看到信息之间的关系,增进理解、提升记忆效果。需要注意的是,采用七图法进行有效沟通主要针对商务场景,不能涵盖所有情况,读者可以基于本书给出的基本框架,进一步深挖并创造出适合自己的多场景、多维度解决问题的图表。

不管在任何行业,七图法都是商务活动中必不可少的实用工具。我相信这本书一定会成为未来商务人士决战商场的法宝。

前言

准确表达意图的最佳方法

无论身处何种行业、担任何种职位，我们都会遇到向他人建言献策的机会。这时，像企划书、提案书一类的材料便能为我们提供很大的帮助。相信很多人都有过这样的体验：材料写得出色与否，对商务活动最终的成败有很大影响。而且在某些情况下，这些企划书、提案书在文字阶段便会遭到淘汰，如此一来，便无法准确地向对方表达自己的意图，后续进展更是无从谈起。

新冠疫情期间，线上交流更为频繁，材料的重要性也因此越发突显。那么，怎样才能打造出让对方说"YES"的材料呢？

- 提供照片等丰富的视觉素材。
- 用图表将数据可视化呈现。
- 结构鲜明，有亮点。

- 内容简明扼要。

这些要素固然不可或缺，但我认为，一份优秀企划书的关键是：表达真实意图。换言之，撰写材料的关键在于能够准确表达自己的意图，否则这份材料就形同一张废纸。

而准确表达意图最有效的方式，既不是照片、数据，也绝非图表，而是"文章"。文章才能让对方从逻辑上心悦诚服地接受你的意见。

因为，有时候对方的认可源自主观臆断或者感情用事，这种情况下的"YES"存在一定的变数，也难保他们不会出于主观因素或情绪变化转而说"NO"。而这也印证了从逻辑上让对方心悦诚服地说"YES"的重要性。

一般情况下，平铺直叙地罗列个人看法不容易获得对方认可。要知道让对方点头称是的文章，无一例外都蕴含着逻辑性。而所谓的逻辑性，指的是文章要具备"结论是什么，实现结论的方法论又是什么"之类的逻辑结构。

然而，仅凭一篇逻辑性强的文章有时也未必能让对方信服。请看下列两份材料（见图 0-1）。第一眼看上去，你觉得哪一个更加通俗易懂？

前言
准确表达意图的最佳方法

ⓐ

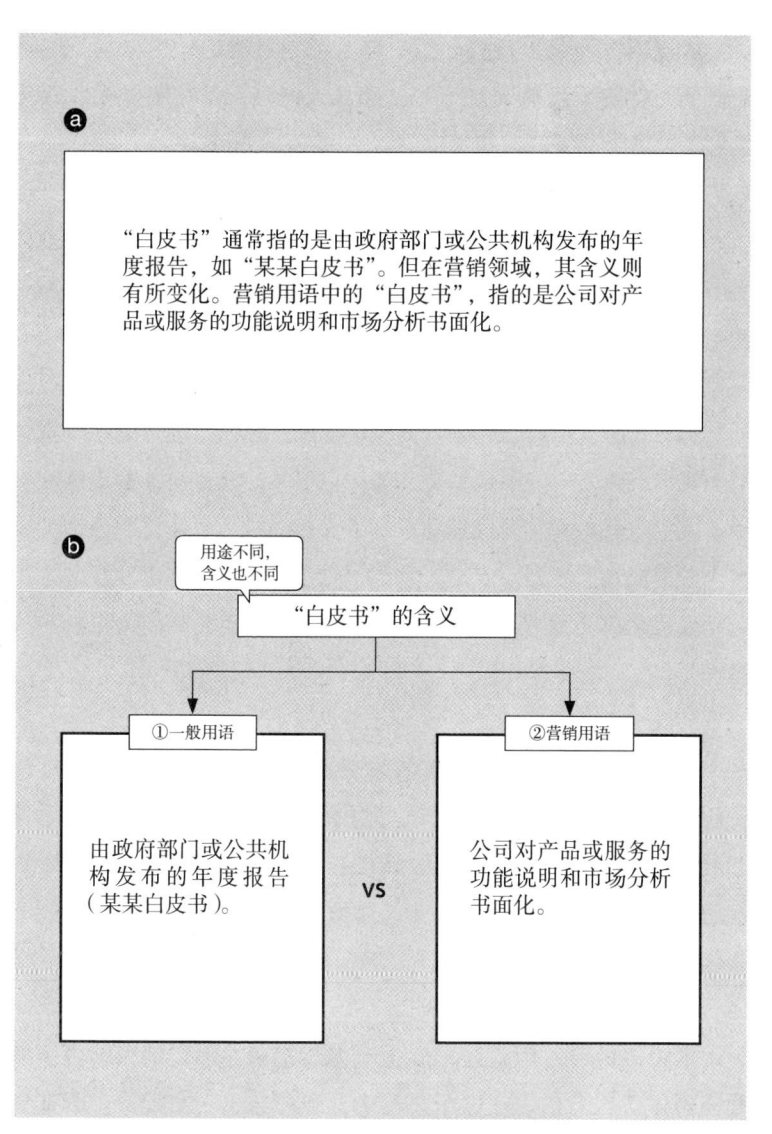

"白皮书"通常指的是由政府部门或公共机构发布的年度报告，如"某某白皮书"。但在营销领域，其含义则有所变化。营销用语中的"白皮书"，指的是公司对产品或服务的功能说明和市场分析书面化。

ⓑ

用途不同，含义也不同

"白皮书"的含义

①一般用语

由政府部门或公共机构发布的年度报告（某某白皮书）。

VS

②营销用语

公司对产品或服务的功能说明和市场分析书面化。

图 0-1　关于"白皮书含义"的两种表现形式

VII

从逻辑性而言，材料 a 和材料 b 都是合格的；但在易于理解的层面，材料 b 显然更胜一筹。那么，材料 b 好在哪里呢？那就是它具备清晰易懂的逻辑结构。

想要理解材料 a 中的逻辑结构，就必须认认真真通读整段文字，而这便是它让人感到晦涩难懂的主要原因之一。反之，材料 b 利用图表化的方法将逻辑结构可视化，使内容简单明了。

我在一家大型广告代理公司就职期间，曾在一次培训中了解到图表化的表达方式能够让数据变得一目了然。在亲身体验过这一卓有成效的方法之后，我突然意识到，文章同样可以通过图表化，让其内容更加浅显易懂。于是，我尝试性地处理了一本商业图书。我运用图表化的方法把一本 300 页左右的书压缩为 100 页左右的内容摘要。

之后，我又试着把做好的内容摘要交给一些熟识的、无暇阅读长篇幅图书的职场人，结果他们纷纷对我的成果给予好评，表示通过我的内容摘要能快速而高效地掌握书中的精华。这一反馈令我信心倍增，随后我便以提取内容摘要为目标，专注于商业书的图表化。

不知不觉间，我已经图表化了 100 本商业书，制作的内容摘要也超过了 1 万份。在这个过程中，我总结出一个规律，所有文章都遵循着有限的几个逻辑结构，而这些逻辑结构又可以总结成 7

前言
准确表达意图的最佳方法

类图表。只要综合运用这 7 类图表，即使一本商业书的篇幅再长，都可以让读者短时且高效地了解其内容精粹。那么反过来想，是不是只要掌握了这 7 类图表的制作方法，就能够简单明了地把自己想要表达的意图传递给对方呢？

自从萌生了这个想法，我便根据不同的用途，着手设计了 7 张图表，我把运用这 7 张图表将文章结构化的方法叫作"七图法"。在一次与重要客户洽谈之后，我随即把洽谈内容整理成图表，并立即反馈给了客户。结果客户赞不绝口，表示我准确表达出了他们模糊、笼统的想法，我也借此机会赢得了客户的高度信任。

从那以后，在我担任营销顾问期间，七图法已然成为我工作中不可或缺的工具。无论是撰写开发新业务的企划书，还是做会议记录并拟定行动计划；无论是与下属研讨后总结成果，还是编写新员工的培训材料，我都会运用七图法，将重要的内容快速且高效直观地呈现出来。这样做的好处就是，企划书更容易被采纳，会议、洽谈、研讨以及培训的内容也具备了更强的实践性，而这也表明了我的个人意见得到了有效传递。

此外，我还把七图法用在审校下属撰写的企划书、帮助他人提升演讲水平等方面。人们也都欣喜地向我反馈说，通过运用七图法自己能够简明扼要地直抒己见了。

七图法有一个非常简单的框架，在这个框架下，任何人只需拆解文字并放入图表内，便能轻而易举地实现结构化思考。我想告诉各位职场人，无论你是面对空白的企划书无从下手，还是不能有效表达自己的所思所想，抑或想要在工作中做到事半功倍，我都会满怀信心地向你推荐七图法。

作为七图法的提出者，我衷心希望这种能精准表达个人真实意图的方法不但能够应用于材料整理，还能在提高工作效率、提升沟通能力等方面充分发挥作用。

目 录

推荐序　结构化思考的实用工具

　　　　　　　　　　　　　　　　张璐
　　　　　　　　　　　　　　六页纸文化 CEO

前　言　准确表达意图的最佳方法

第 1 章　善用七图法，培养结构化思考　　　001
　　　　普通图表分析法 vs 七图法　　　003
　　　　七图法的特征　　　008
　　　　七图法在实际工作中的应用　　　015

第 2 章　结构化文字训练，助你思考时间减半　　　017
　　　　训练 1：句子框格图　　　022
　　　　训练 2：明确定义图　　　031
　　　　训练 3：判断正误图　　　034
　　　　训练 4：梳理要素图　　　038
　　　　训练 5：对比要素图　　　041

　　　　　训练6：思考过程图　　　　　　　　　　　045
　　　　　训练7：排列组合图　　　　　　　　　　　049

第3章　准确表达意图训练，助你理解能力加倍　　067
　　　　　训练1：准确表达词语的定义　　　　　　071
　　　　　训练2：强调某些优势　　　　　　　　　073
　　　　　训练3：整理事项要素　　　　　　　　　076
　　　　　训练4：对比两个要素　　　　　　　　　079
　　　　　训练5：表达时间或逻辑顺序　　　　　　084

第4章　掌握结构化思考，工作效率翻倍　　　　　089
　　　　　改进决策流程的提案　　　　　　　　　092
　　　　　增加工间活动的建议书　　　　　　　　097
　　　　　调查结果汇报资料　　　　　　　　　　103
　　　　　整理日常谈话记录　　　　　　　　　　108

后　记　在不断的训练中提升思维　　　　　　　143
附录1　结构化思考模板　　　　　　　　　　　145
附录2　企划书模板　　　　　　　　　　　　　151

第 1 章

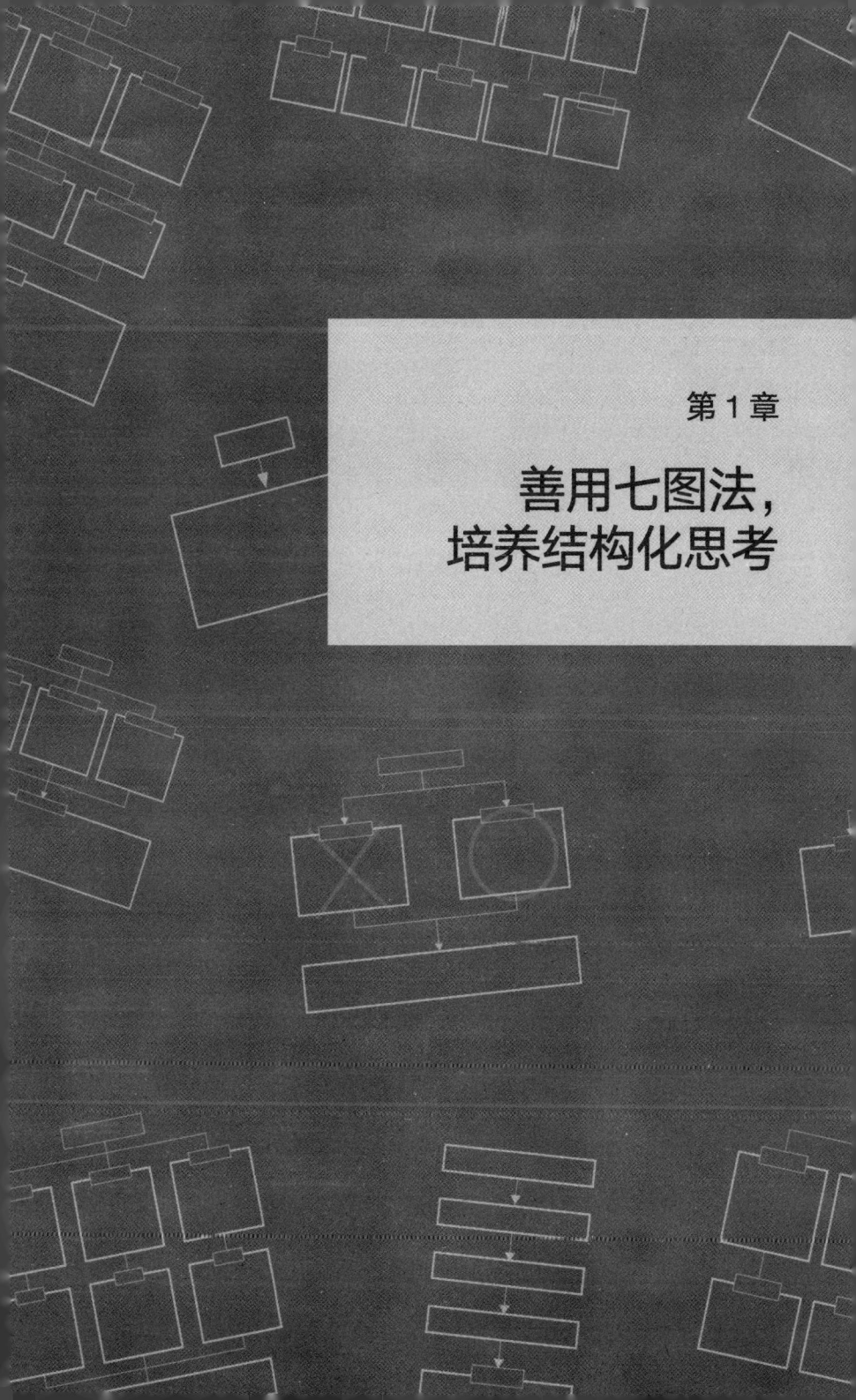

善用七图法，培养结构化思考

第 1 章
善用七图法，培养结构化思考

普通图表分析法 vs 七图法

在一个以逻辑而非情绪驱动的商业世界中，我们需要利用各种图表来表示逻辑结构。其中，广为人知的图表分析法有 3 种：逻辑树状图、SWOT 分析法和 3C 分析法。

逻辑树状图（见图 1-1）用于探究原因和解决问题，可以通过分类、拆解问题相关要素，形成树状图表。

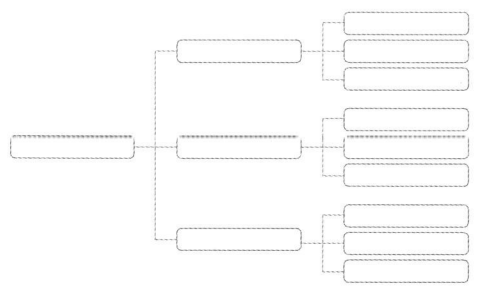

图 1-1　逻辑树状图

SWOT 分析法（见图 1-2）的名称是由优势（Strength）、劣势（Weakness）、机会（Opportunity）和威胁（Threat）4 个英文单词的首字母组合而成，从这 4 个角度可以分析出竞争对手和市场环境的主要影响因素。

	有利影响	不利影响
内部环境	S	W
外部环境	O	T

图 1-2　SWOT 分析法

3C 分析法（见图 1-3）的名称是由企业（Company）、竞争者（Competitor）、市场或消费者（Customer）3 个英文单词的首字母组合而成，从这 3 个角度可以掌握和分析商业市场。

想必这些分析法大家都很眼熟，可在实际运用中，并没有多少人能够熟练掌握。这是为什么呢？让我们以逻辑树状图为例来一探究竟。逻辑树状图的用法简便易学。首先，把自己最想向对方表达的内容填入"结论"框格。然后，在"原因"框格填入能够推导出结论的原因，并根据需要在后面的框格填入印证原因的具体论据。这样便大功告成了（见图 1-4）。

竞争者
- 竞争者的市场占比
- 竞争对手公司的优势和劣势
- 竞争者的资源

企业
- 企业自身的优势和劣势
- 企业自身在市场上的定位
- 企业自身的资源

市场或消费者
- 市场环境
- 消费群体
- 消费者的消费行为
- 消费者的需求

图 1-3　3C 分析法

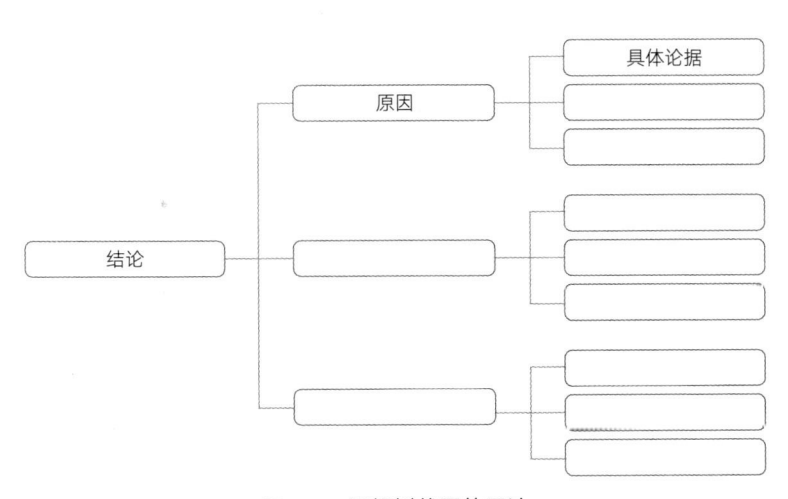

图 1-4　逻辑树状图的用法

但在实践操作时，只有早已在脑海中把结论、原因、具体论据梳理得清清楚楚的人才会觉得简单。逻辑树状图充其量只是将这些人头脑中的逻辑结构可视化，却不是引导他们进行结构化思考的工具。

SWOT分析法和3C分析法同样如此，如果你能够轻而易举地填写这些图表，那证明你本身已经对要表达内容的逻辑结构非常清晰。

事实上，我们更应当把逻辑树状图、SWOT分析法、3C分析法之类的图表分析法，理解为"利用最恰当的形式，表达头脑中已经成型的逻辑结构，使之更加浅显易懂"的工具。

很多人在面对这些图表时，往往一头雾水，根本无从下手。造成这种情况的原因是他们的大脑一片混沌，逻辑结构不清晰，也可以说是尚未形成逻辑性思维。这些人需要的不是表达工具，而是能够梳理思路，有逻辑地表达真实意图的图表，换言之，就是能够形成结构化思考的图表。

即使你不擅长写文章也没关系，你只需运用七图法，将内心萌生的灵感写下来并填入7张图表（见图1-5）。片刻之间，就能实现逻辑结构的可视化，形成条理清晰的思路。而且，它还可以直接作为一种表达工具，简明扼要地向其他人阐释你的想法。

第 1 章
善用七图法，培养结构化思考

第一张图
句子框格图

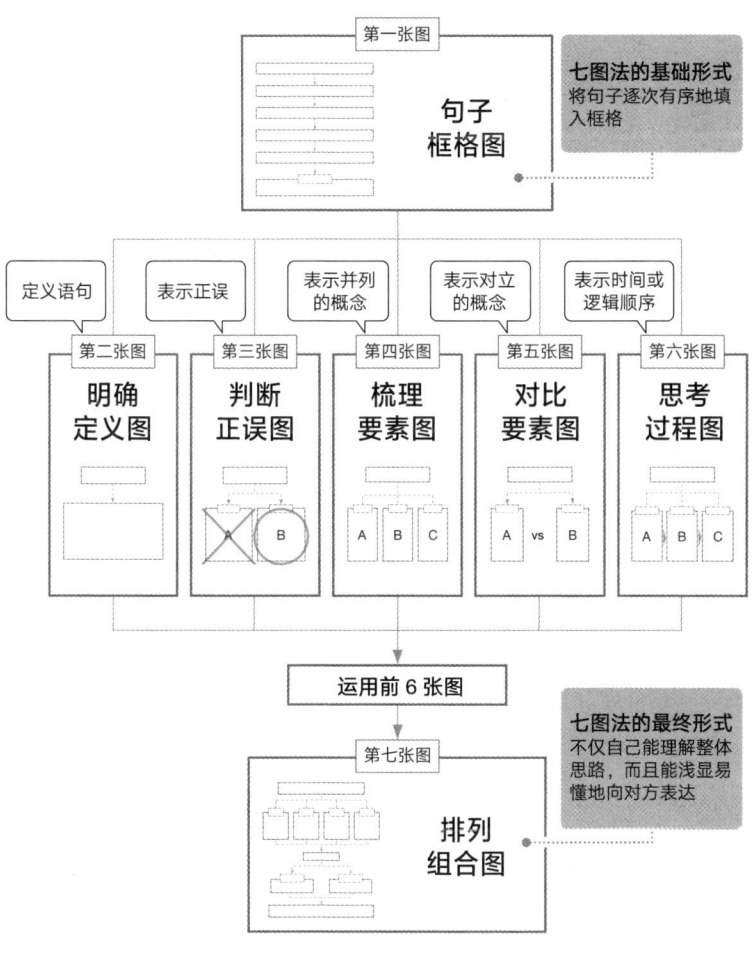

七图法的基础形式
将句子逐次有序地填入框格

- 定义语句 → **第二张图 明确定义图**
- 表示正误 → **第三张图 判断正误图**
- 表示并列的概念 → **第四张图 梳理要素图**
- 表示对立的概念 → **第五张图 对比要素图**
- 表示时间或逻辑顺序 → **第六张图 思考过程图**

运用前 6 张图

第七张图
排列组合图

七图法的最终形式
不仅自己能理解整体思路，而且能浅显易懂地向对方表达

图 1-5　七图法

此外，运用七图法来进行结构化思考，还能帮助你从逻辑树状图、SWOT分析法、3C分析法等工具中选取最适合的方法，让你的表达方式更加符合实际需要。

总之，表达工具的选择只是一种形式，我们的最终目的是梳理思路，也就是结构化思考。熟练掌握七图法，就能轻而易举地实现结构化思考。当然，在这一过程中需要进行一些简单的训练。从第2章开始，我将讲解一些可操作的训练。而在此之前，我先介绍一下七图法的特征。

七图法的特征

第一张图：句子框格图

句子框格图（见图1-6）是七图法的基础形式。它是七图法中5张主干图的"准备图表"，不仅为结构化思考打下基础，而且担负着串联各个图表的作用。

此外，如果遇到文章难以转换为其他图表或时间有限等情况，也可以直接把句子框格图作为表达工具。毕竟较之于一篇文章，一张由文字转换而成的句子框格图更能让文章重点突出。

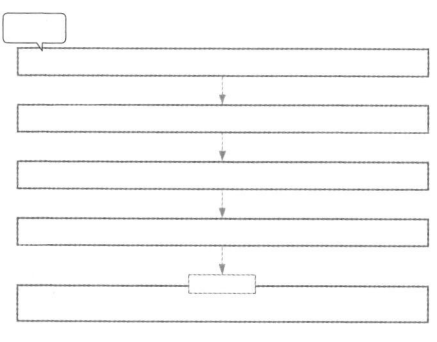

图 1-6　句子框格图

第二张图：明确定义图

明确定义图（见图 1-7）是明确词语定义的图表。所谓"定义"，就是让大众形成共同认知的一种手段。人们对同一词语的理解千差万别，如果不能统一定义，自然无法准确表达真实意图。而且，一些主观臆断或是含糊不清的理解也有可能将思路引入歧途。灵活运用明确定义图，能够有效防范上述风险。

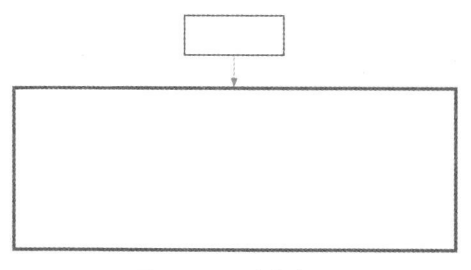

图 1-7　明确定义图

第三张图：判断正误图

判断正误图（见图1-8）的作用是判断正确（想要肯定的内容）和错误（想要否定的内容）。鲜明地提出错误意见，是突显正确意见的方法之一。在你想要强调优劣的时候，这张图表的作用尤为有效。

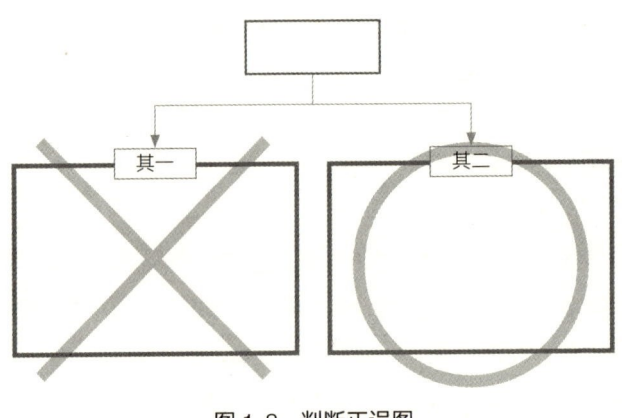

图1-8 判断正误图

第四张图：梳理要素图

梳理要素图是梳理并列的几个要素的图表，主要作用是分析整理出要素或观点。梳理要素图所包含的要素不限数量，图1-9就展示了3个并列要素。但是，鉴于"一目了然"是七图法的一大特点，要素数量最好控制在5个左右，不要超过7个。

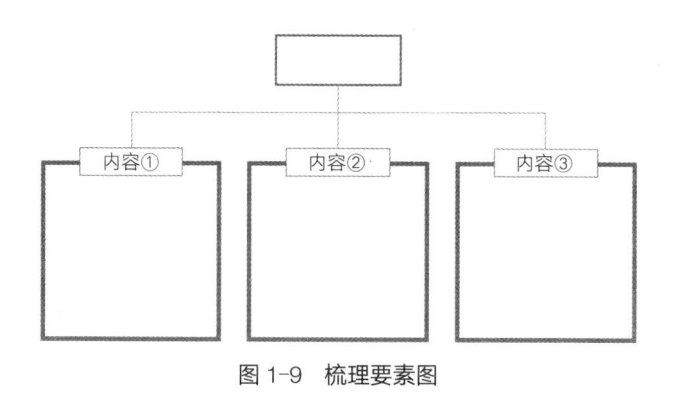

第 1 章
善用七图法，培养结构化思考

图 1-9　梳理要素图

第五张图：对比要素图

对比要素图（见图 1-10）有助于我们进行对比研究。前文介绍的判断正误图是以否定一方的形式来肯定另一方，而对比要素图则是平等地比较两方，突出"对立"的概念。

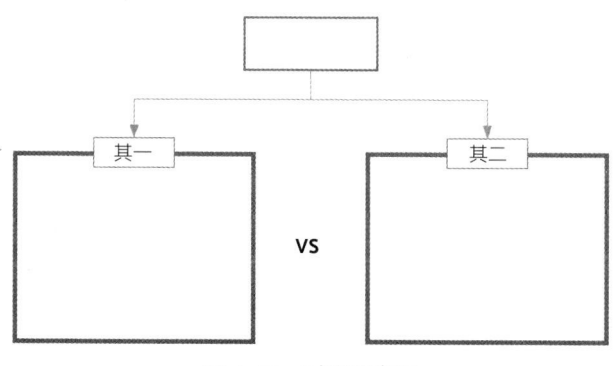

图 1-10　对比要素图

011

第六张图：思考过程图

思考过程图可用于表示时间或逻辑顺序。把头脑中接连涌现的要素归纳整理到框格当中，不但能够从中发掘出问题的根本原因，还能够预测结果或找到解决问题的方法。思考过程图所包含的要素不限数量，图 1-11 就展示了 3 个要素。不过，与梳理要素图相同，要素数量最好控制在 5 个左右，不要超过 7 个。

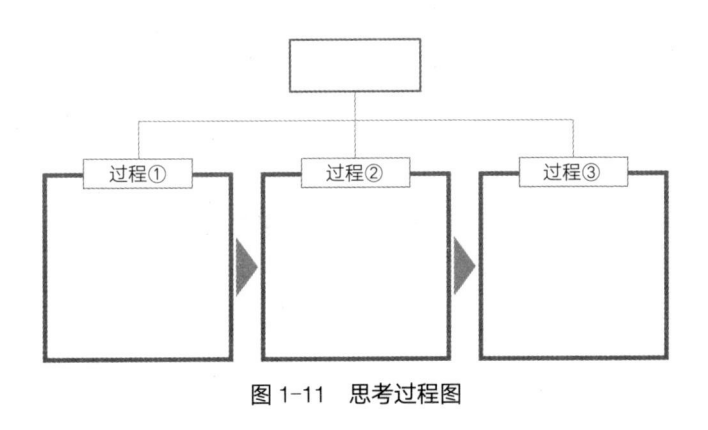

图 1-11 思考过程图

第七张图：排列组合图

排列组合图在于根据需要，排列组合图 1～图 6 等多张图表，以梳理整体思路，它是七图法的最终形式。图 1-12 即为梳理要素图与对比要素图的组合。排列组合的方式多种多样，你可以根据需要，制作一张最能够表达你自己想法的排列组合图。

第 1 章
善用七图法，培养结构化思考

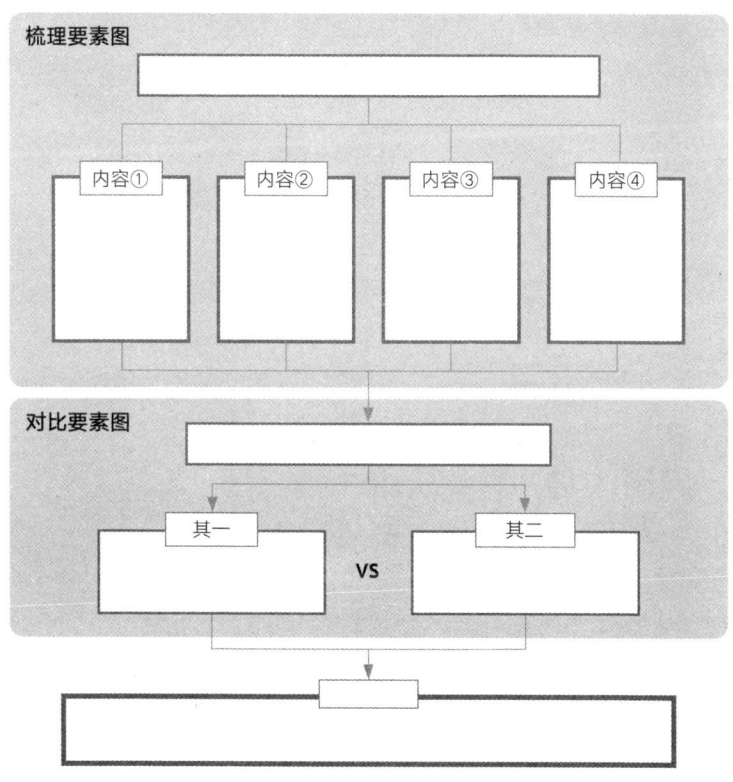

图 1-12　排列组合图

以上就是每张图表的特点和作用。七图法包含 7 张图，但实际上主干图只有 5 张。句子框格图是其他图表的准备图表，也可以叫作图表与图表的"串联图"，排列组合图则是各图表的组合。如果你能得心应手地运用 5 张主干图，就可以毫不费力地实现结构化思考，从而轻松地表达自己的真实意图，打造让对方说"YES"的材料。

在具体介绍每张图的制作方法之前，我在图 1-13 中总结了制作图表的 3 个要点，请参考这些要点，制作属于你自己的七图法。

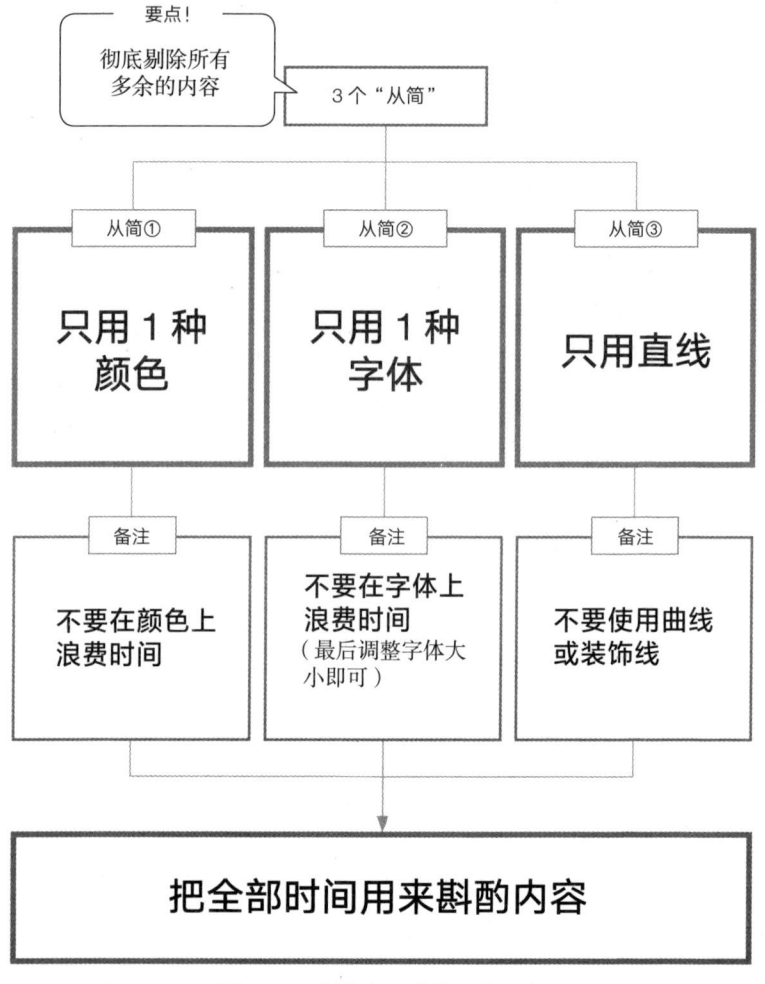

```
要点！
彻底剔除所有
多余的内容
```

3 个 "从简"

从简①：只用 1 种颜色
备注：不要在颜色上浪费时间

从简②：只用 1 种字体
备注：不要在字体上浪费时间（最后调整字体大小即可）

从简③：只用直线
备注：不要使用曲线或装饰线

把全部时间用来斟酌内容

图 1-13　制作七图法的 3 个要点

第1章 善用七图法，培养结构化思考

七图法在实际工作中的应用

接下来，我将简单谈一谈自己在实际工作中如何制作和使用七图法。在拟制拓展新业务的企划书时，根据提交材料的对象，可以适当微调5个要点。

- 先把内心萌生的灵感写下来，再把这些内容逐一拆解为各个要素，之后用七图法表现出重要的要素。
- 需要用到的图表主要包括明确定义图、判断正误图、梳理要素图和思考过程图。
- 一页图表表达一个信息。
- 将完成的内容按照逻辑顺序排列。
- 在第一页展示结论摘要。

制作会议记录有以下几个要点。

- 如果方针已经基本明确，可以把明确定义图调整为明确方针图，进行大致记录。
- 如果对既定方针存在反对意见，可以制作一页判断正误图，并且在反对提案上打"×"。
- 利用思考过程图呈现既定方针的开展过程，并同步给全组成员，避免产生理解偏差。
- 利用梳理要素图进行归纳整理，形成重点突出的图表，从而将既定事项落实为具体的行动计划。

- 与日程表一并形成固定机制，当场反馈意见、敲定进度，避免会议没完没了。

　　我将在下文更进一步解答日常使用七图法时会遇到的问题，如怎样决定图表的篇幅大小等。

第 2 章

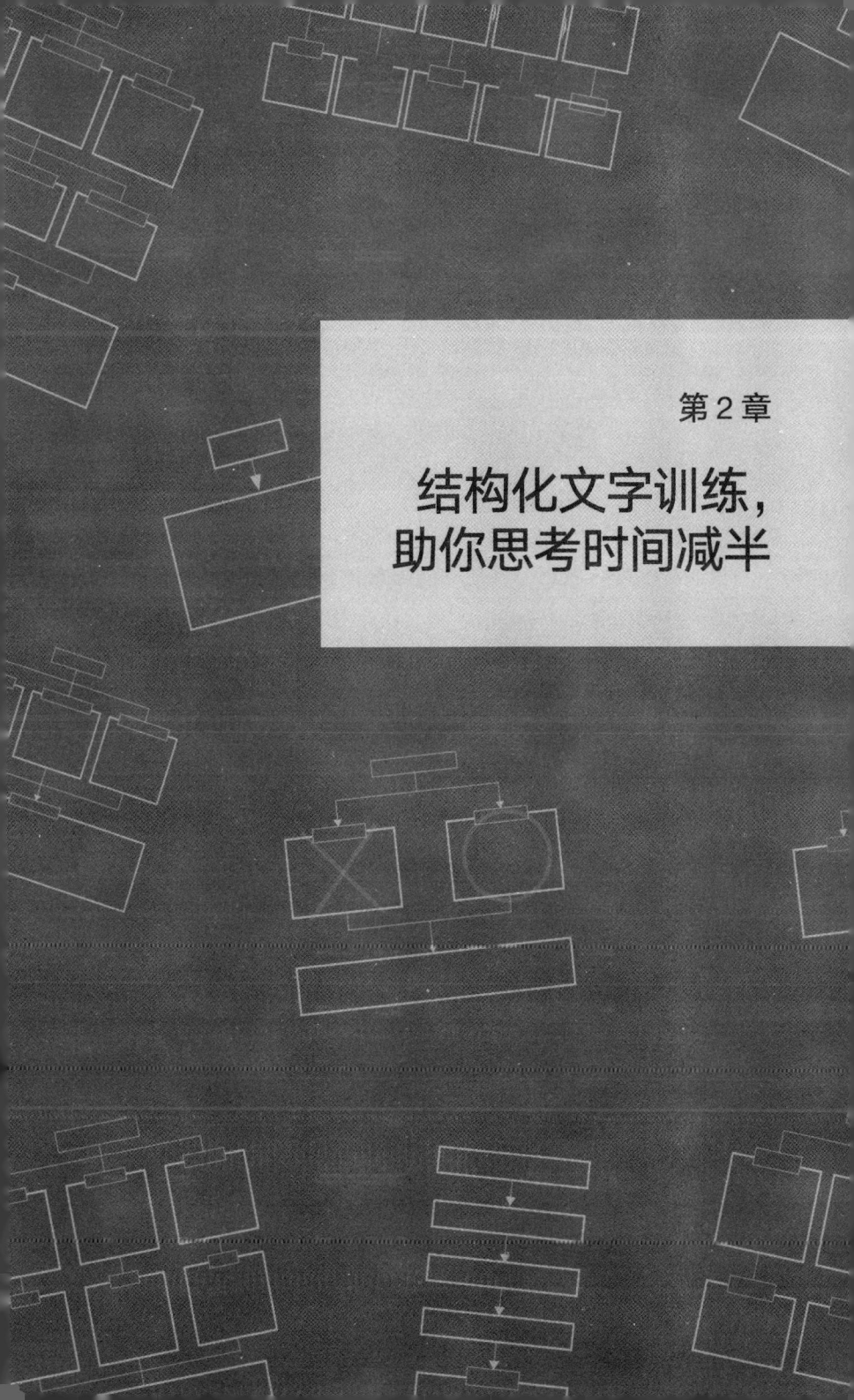

结构化文字训练,助你思考时间减半

第 2 章
结构化文字训练，助你思考时间减半

通过第 1 章的学习，各位读者已经对七图法有了大致了解。接下来，我们将运用七图法进行结构化思考的训练。如图 2-1 所示，运用七图法打造让对方认可的材料的过程，与概括文章有着异曲同工之妙。

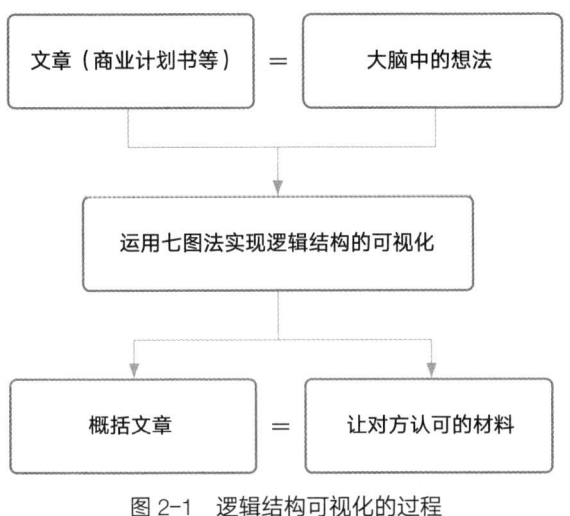

图 2-1 逻辑结构可视化的过程

当然，让大脑中的想法实现结构化并不能一蹴而就，因此我们要先从运用七图法概括文章做起。我个人能够总结出七图法，同样归功于长期坚持对商业计划书的概括，而这也堪称一种规律性的方法。在训练题材方面，逻辑清晰的商业计划书是最合适的。

下面，让我们利用七图法，开启概括文章的训练。

本篇例文[①]适用于本章的全部训练。准备好了吗？我们开始了！

"营销？倒是有些兴趣，可是听上去很难……"

是不是很多人都有这种想法？那么，营销究竟为何物？

"一项分析数字和图表的工作？（听上去很难……）"

"一个从事产品宣传和促销，看上去光鲜亮丽的岗位？"

"就是打打电话、发发广告，招揽顾客？"

"这个……不太了解啊，是不是和销售差不多？"

可见，人们总是对营销怀有片面且抽象的印象。当然，这些说法都没有错，但都只说出了营销的一部分，并不全面。

"营销，只要负责销售、促销的人懂，不就行了吗？和我的工作没什么关系。"

---

① 本章之后所引用的、未标明出处的例文或练习，均由作者参考互联网文章、书籍、新闻等内容整理而成。

可能也有人像这样在心里犯嘀咕。但是，这种想法大错特错！

营销是每一个职场人都应该拥有的智慧。

所谓营销，一言以蔽之，是建立能够让公司营业额和利润增长的机制。

从企划部门的角度来说，营销是顺应时代和顾客心理的变化，打造出让人眼前一亮的新产品；从研发部门的角度来说，要用营销的观点重新审视自己手上的新产品，提出改良的建议；从物流部门的角度来说，营销能加深员工对物流的理解，进而有可能建立更为高效的产品物流体制；从销售部门的角度来说，员工通过营销能够开拓思路，践行创意，提升销量，为公司带来更多利润；而站在售后部门的角度，营销可以是谋划售后服务、维护保养的新机制，从而提升新老客户的满意度。

可见，无论你的工作是销售、产品研发还是产品管理，都与营销息息相关。只有每一名员工都具有营销意识，公司的业绩才会蒸蒸日上，你的工资也才能水涨船高！

营销的目的，说到底是要改进促销模式，也可以说是建立平等互利地卖货的机制。

推广的目的，是开发和实践各种各样的促销手段。也可以说是一种持之以恒地努力卖货的状态。

这样一来，营销与推广乍一看有些相似，实则截然不同！

总而言之，你也许仍努力地想要提升业绩，也许刚刚开始学习营销，或者已经在学习中小有所得，但无论你处在哪个阶段，都要认识到基础（即事物的本质）至关重要。基础当中隐藏着与竞争对手拉开差距、实现自我蜕变的钥匙。因此，如果你发自内心地要投身商海，那么就要认认真真地学习营销。来，让我们正式开始吧。

训练1：句子框格图

句子框格图是七图法的基础形式，在制作句子框格图阶段，要为原文章转换为其他5张图表做好准备。

步骤1：把字体调整为宋体

鉴于当下办公形式中已经很少有人会手写企划书，所以以下内容均以使用电脑打字为前提。

我们要做的第一件事，就是把字体统一调整为宋体。楷体虽然也是常用的一种字体，但是以我的个人感受来说，楷体字多多少少会给人一种情绪化的印象。小说等文体如果使用楷体字的话，能更好地激发读者的共鸣，可是在进行逻辑思考时，这种字体反而会造成干扰。因此，在运用七图法进行结构化思考的时候，建议把字体调整为宋体，剔除一切装饰性的要素。

步骤2：按照"一框一句"的原则填写句子框格图

接下来，我们要拆分文章，按照"一框一句"的原则填写句子框格图。填写的时候可以根据自己的直觉，给你认为重要的、关键的词语添加引号，原文自带引号的内容也可以保留。

要把"但是""而且""可是""对此""一方面""不过""与其""然而"等连词从句子中剥离出来，填入框格左侧插入的对白框。对"如果……的话""所谓……"等设问，同样采用这种做法。

"因此""如此""总之""总而言之""因而""为此""结果""从而""由此""即""之所以""换言之"等总结前文的语句，可以填入位于框格中央上方的小框内。

那么，我们用句子框格图来处理一下例文（见图2-2）。

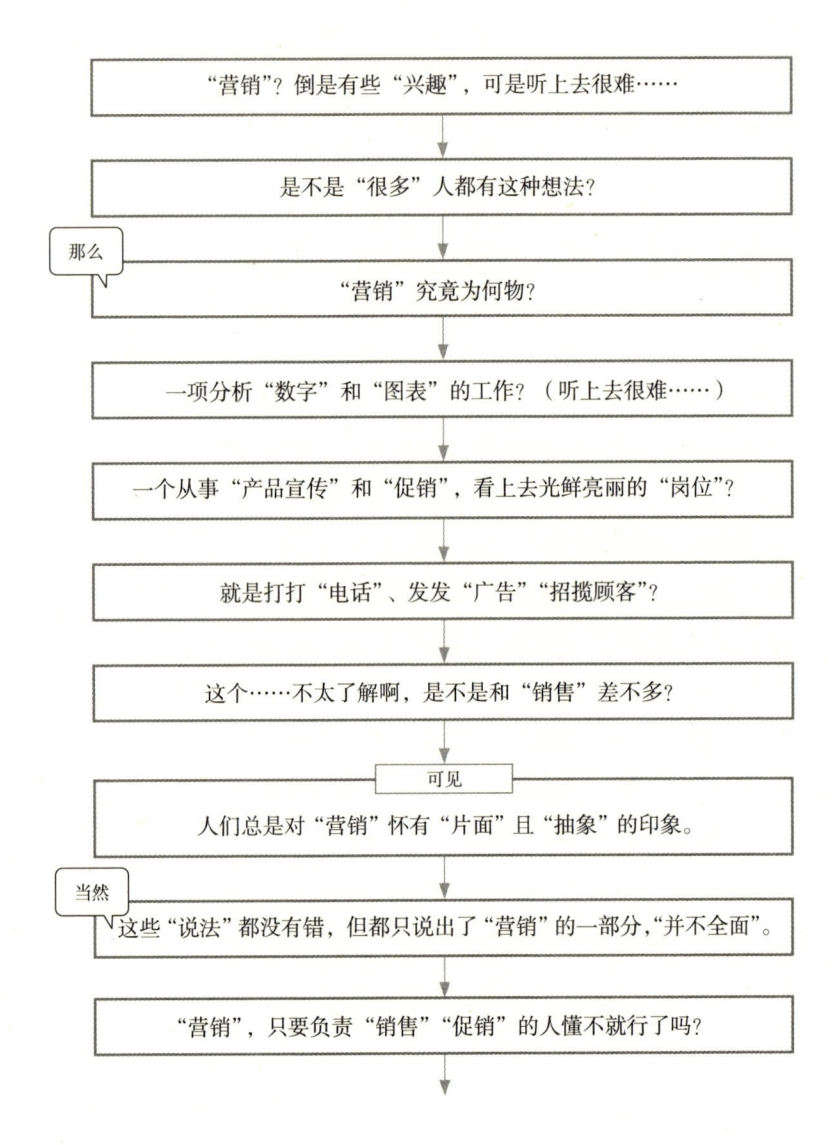

一生受用的"结构化思考"

```
┌─────────────────────────────────────────────────────┐
│ "营销"？倒是有些"兴趣"，可是听上去很难……              │
└─────────────────────────────────────────────────────┘
                          ↓
┌─────────────────────────────────────────────────────┐
│ 是不是"很多"人都有这种想法？                          │
└─────────────────────────────────────────────────────┘
  【那么】
┌─────────────────────────────────────────────────────┐
│ "营销"究竟为何物？                                    │
└─────────────────────────────────────────────────────┘
                          ↓
┌─────────────────────────────────────────────────────┐
│ 一项分析"数字"和"图表"的工作？（听上去很难……）        │
└─────────────────────────────────────────────────────┘
                          ↓
┌─────────────────────────────────────────────────────┐
│ 一个从事"产品宣传"和"促销"，看上去光鲜亮丽的"岗位"？   │
└─────────────────────────────────────────────────────┘
                          ↓
┌─────────────────────────────────────────────────────┐
│ 就是打打"电话"、发发"广告""招揽顾客"？                │
└─────────────────────────────────────────────────────┘
                          ↓
┌─────────────────────────────────────────────────────┐
│ 这个……不太了解啊，是不是和"销售"差不多？             │
└─────────────────────────────────────────────────────┘
                      【可见】
┌─────────────────────────────────────────────────────┐
│ 人们总是对"营销"怀有"片面"且"抽象"的印象。            │
└─────────────────────────────────────────────────────┘
  【当然】
┌─────────────────────────────────────────────────────┐
│ 这些"说法"都没有错，但都只说出了"营销"的一部分，"并不全面"。│
└─────────────────────────────────────────────────────┘
                          ↓
┌─────────────────────────────────────────────────────┐
│ "营销"，只要负责"销售""促销"的人懂不就行了吗？         │
└─────────────────────────────────────────────────────┘
                          ↓
```

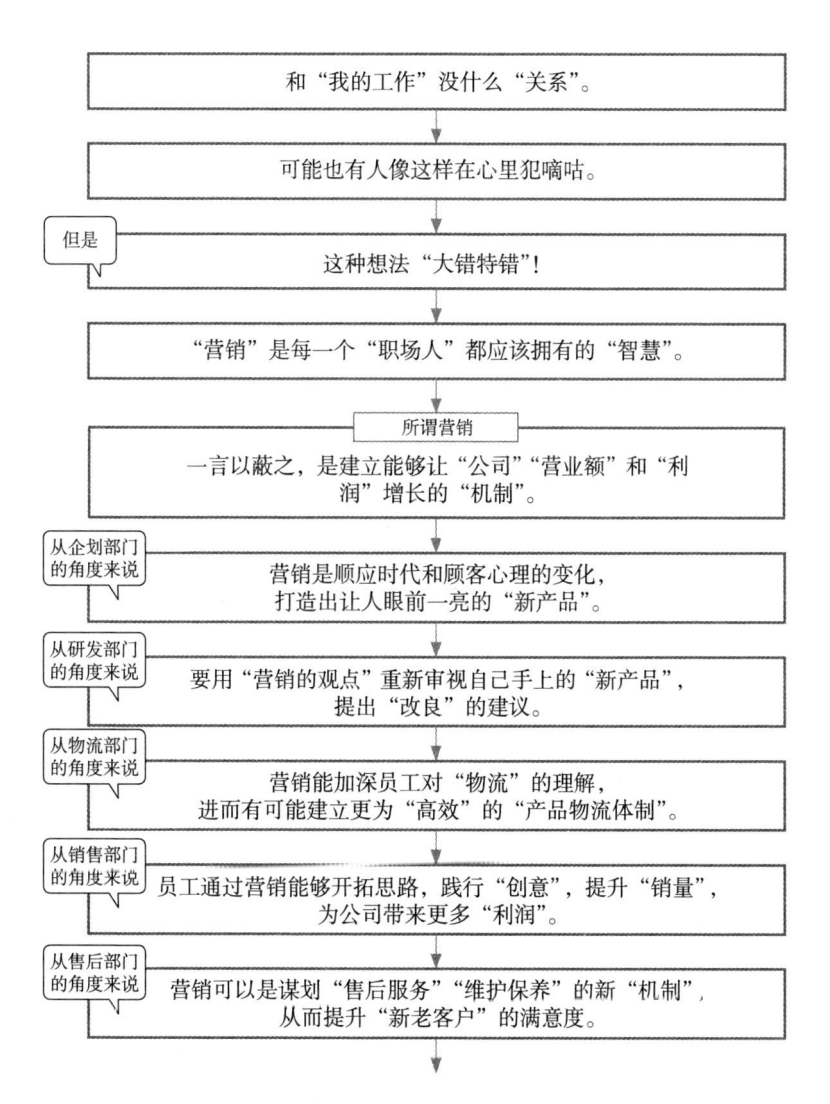

第 2 章
结构化文字训练，助你思考时间减半

```
┌─────────────────────────────────┐
│ 和"我的工作"没什么"关系"。         │
└─────────────────────────────────┘
                ↓
┌─────────────────────────────────┐
│ 可能也有人像这样在心里犯嘀咕。     │
└─────────────────────────────────┘
                ↓
「但是」
┌─────────────────────────────────┐
│ 这种想法"大错特错"！              │
└─────────────────────────────────┘
                ↓
┌─────────────────────────────────────────┐
│ "营销"是每一个"职场人"都应该拥有的"智慧"。│
└─────────────────────────────────────────┘
                ↓
            「所谓营销」
┌─────────────────────────────────────────┐
│ 一言以蔽之，是建立能够让"公司""营业额"和"利│
│ 润"增长的"机制"。                        │
└─────────────────────────────────────────┘

「从企划部门的角度来说」
┌─────────────────────────────────────────┐
│ 营销是顺应时代和顾客心理的变化，          │
│ 打造出让人眼前一亮的"新产品"。            │
└─────────────────────────────────────────┘

「从研发部门的角度来说」
┌─────────────────────────────────────────┐
│ 要用"营销的观点"重新审视自己手上的"新产品"，│
│ 提出"改良"的建议。                       │
└─────────────────────────────────────────┘

「从物流部门的角度来说」
┌─────────────────────────────────────────┐
│ 营销能加深员工对"物流"的理解，            │
│ 进而有可能建立更为"高效"的"产品物流体制"。│
└─────────────────────────────────────────┘

「从销售部门的角度来说」
┌─────────────────────────────────────────┐
│ 员工通过营销能够开拓思路，践行"创意"，提升"销量"，│
│ 为公司带来更多"利润"。                   │
└─────────────────────────────────────────┘

「从售后部门的角度来说」
┌─────────────────────────────────────────┐
│ 营销可以是谋划"售后服务""维护保养"的新"机制"，│
│ 从而提升"新老客户"的满意度。             │
└─────────────────────────────────────────┘
                ↓
```

025

> **可见**
> 无论"你的工作"是"销售""产品研发"还是"产品管理",都与"营销"息息相关。

只有"每一名员工"都具有营销"意识","公司"的"业绩"才会蒸蒸日上,你的"工资"也才能水涨船高!

"营销"的目的
说到底是要改进"促销"模式。

也可以说是"建立平等互利地卖货的机制"。

"推广"的目的
是"开发和实践"各种各样的"促销手段"。

也可以说是一种持之以恒地"努力卖货"的状态。

> **这样一来**
> "营销"与"推广"乍一看"有些相似",实则"截然不同"!

> **总而言之**
> "你"也许仍努力地想要提升"业绩",也许刚刚开始学习"营销",或者已经在学习中"小有所得",但无论你处在哪个阶段,都要认识到"基础(即事物的本质)""至关重要"。

基础当中隐藏着与"竞争对手"拉开差距、实现"自我蜕变"的"钥匙"。

> **因此**
> 如果你"发自内心"地要投身"商海",那么就要认认真真地学习"营销"。

来,让我们"正式"开始吧。

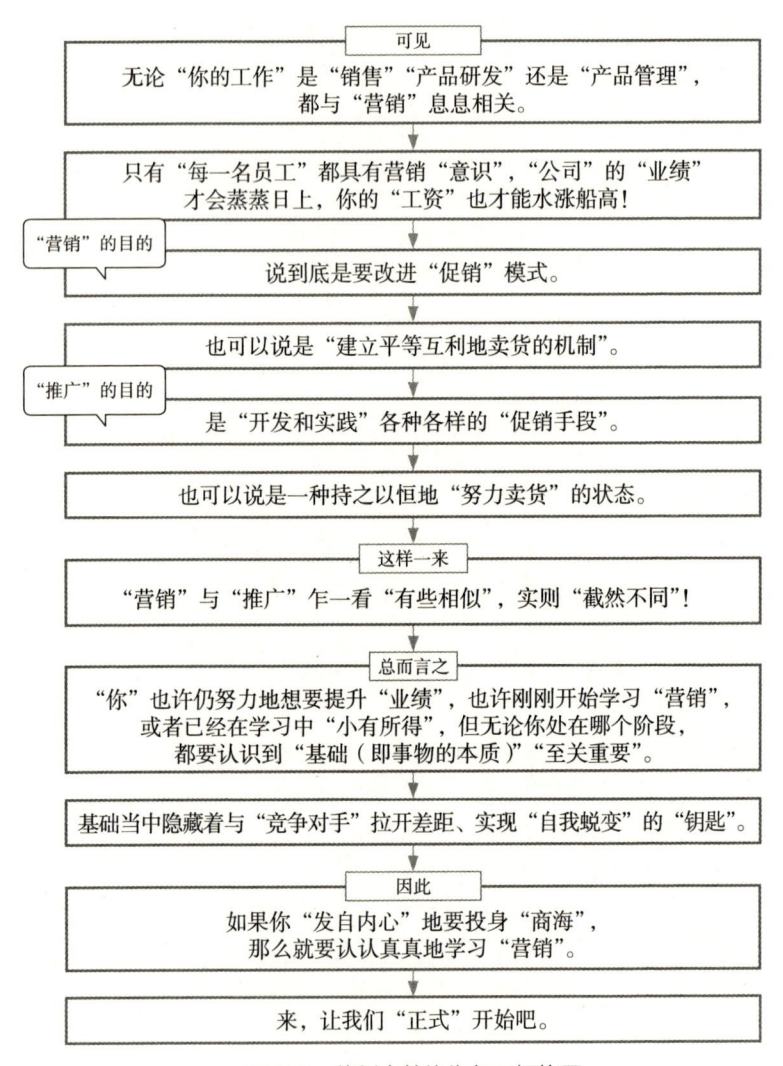

图 2-2　将例文转换为句子框格图

步骤3：分析框格之间的联系

我们已经将整篇文章逐句拆解，接下来，我们要一边着重把握小框内的连词和设问句，一边从以下几个角度审视已完成的句子框格图。

- 哪些地方有明确的定义？
- 哪些地方表达了正确或错误的观点？
- 哪些地方有并列的要素？
- 哪些地方有比较或对立的要素？
- 整体是否包含了时间或逻辑顺序？

如果你发现框格之间存在联系，可以设想一下在哪里用哪一类图表。

有时候，选择图表类型需要直觉。刚开始你可能会觉得有些困难，但反复练习后就能变得得心应手，因此请读者以各类商业计划书为素材，认真加以训练。

那么，我们带着上述问题再次处理一下例文（见图2-3）。

一生受用的"结构化思考"

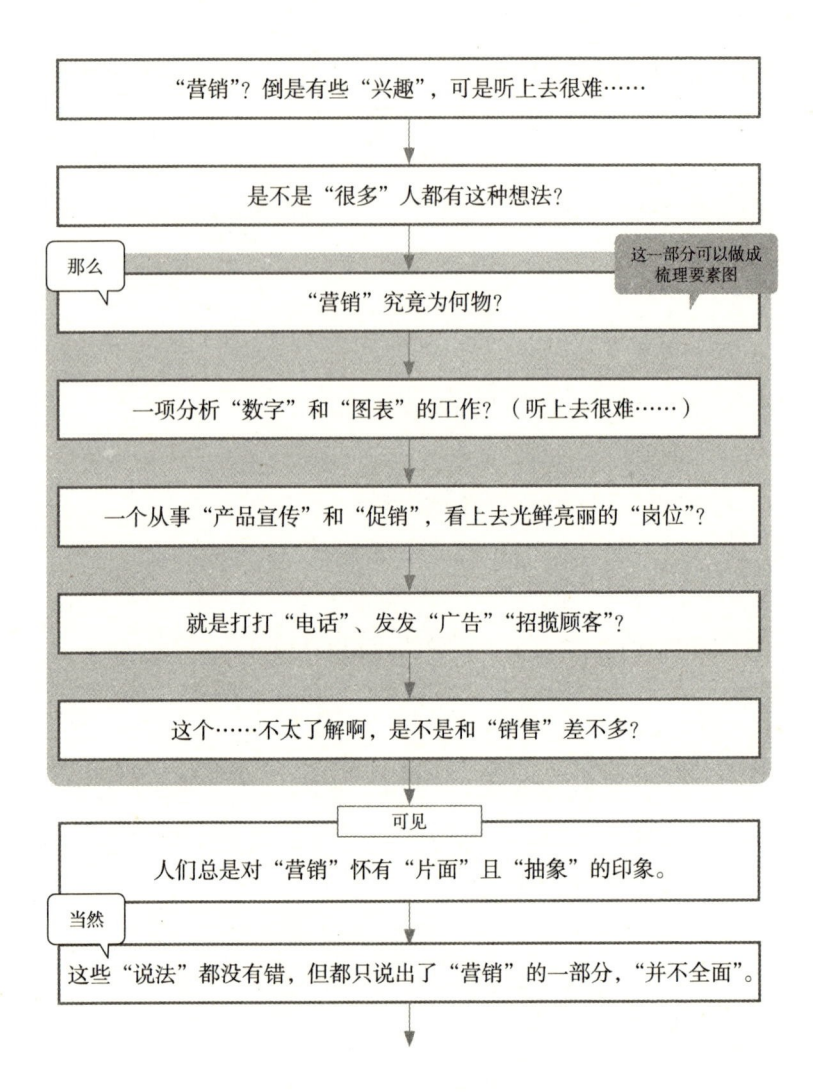

```
"营销"？倒是有些"兴趣"，可是听上去很难……
        ↓
是不是"很多"人都有这种想法？
        ↓
[那么]  "营销"究竟为何物？           [这一部分可以做成梳理要素图]
        ↓
一项分析"数字"和"图表"的工作？（听上去很难……）
        ↓
一个从事"产品宣传"和"促销"，看上去光鲜亮丽的"岗位"？
        ↓
就是打打"电话"、发发"广告""招揽顾客"？
        ↓
这个……不太了解啊，是不是和"销售"差不多？
        ↓
[可见]
人们总是对"营销"怀有"片面"且"抽象"的印象。
        ↓
[当然]
这些"说法"都没有错，但都只说出了"营销"的一部分，"并不全面"。
        ↓
```

028

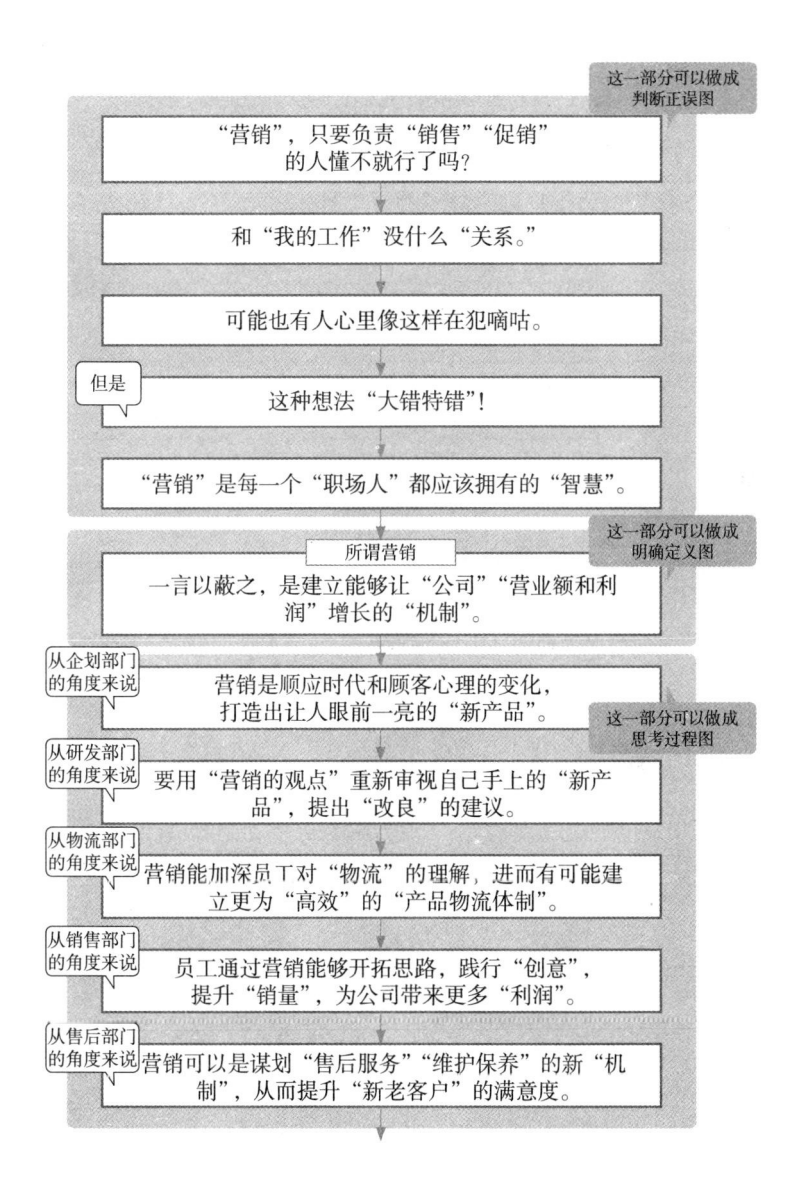

第 2 章
结构化文字训练，助你思考时间减半

> 这一部分可以做成判断正误图

- "营销"，只要负责"销售""促销"的人懂不就行了吗？
- 和"我的工作"没什么"关系。"
- 可能也有人心里像这样在犯嘀咕。

（但是）

- 这种想法"大错特错"！
- "营销"是每一个"职场人"都应该拥有的"智慧"。

> 这一部分可以做成明确定义图

所谓营销

一言以蔽之，是建立能够让"公司""营业额和利润"增长的"机制"。

> 这一部分可以做成思考过程图

【从企划部门的角度来说】营销是顺应时代和顾客心理的变化，打造出让人眼前一亮的"新产品"。

【从研发部门的角度来说】要用"营销的观点"重新审视自己手上的"新产品"，提出"改良"的建议。

【从物流部门的角度来说】营销能加深员工对"物流"的理解，进而有可能建立更为"高效"的"产品物流体制"。

【从销售部门的角度来说】员工通过营销能够开拓思路，践行"创意"，提升"销量"，为公司带来更多"利润"。

【从售后部门的角度来说】营销可以是谋划"售后服务""维护保养"的新"机制"，从而提升"新老客户"的满意度。

029

可见

无论"你的工作"是"销售""产品研发"还是"产品管理",都与"营销"息息相关。

只有"每一名员工"都具有营销"意识","公司"的"业绩"才会蒸蒸日上,你的"工资"也才能水涨船高!

"营销"的目的 → 说到底是要改进"促销"模式。

这一部分可以做成对比要素图

也可以说是"建立平等互利地卖货的机制"。

"推广"的目的 → 是"开发和实践"各种各样的"促销手段"。

也可以说是一种持之以恒地"努力卖货"的状态。

这样一来

"营销"与"推广"乍一看"有些相似",实则"截然不同"!

总而言之

"你"也许仍努力地想要提升"业绩",也许刚刚开始学习"营销",或者已经在学习中"小有所得",但无论你处在哪个阶段,都要认识到"基础(即事物的本质)""至关重要"。

基础当中隐藏着与"竞争对手"拉开差距、实现"自我蜕变"的"钥匙"。

因此

如果你"发自内心"地要投身"商海",那么就要认认真真地学习"营销"。

来,让我们"正式"开始吧。

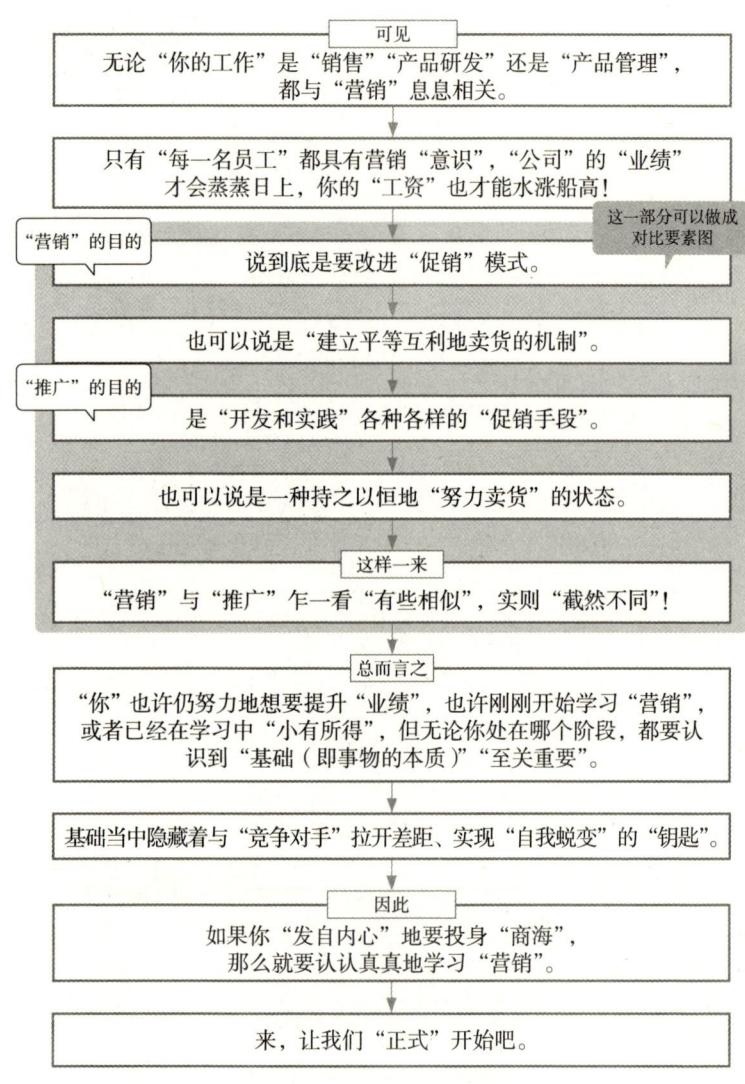

图 2-3 分析框格之间的联系

步骤 4：转换为对应图表

我们在步骤 3 中挑选出了可单独制作成图表的内容，现在要把它们转换为对应的图表。

需要说明的是，七图法并不意味着 7 张图缺一不可，而是要根据文章具体情况选取所必需的图表。文章内容五花八门，其对应的图表形式也千变万化，因此，我们一定要熟练掌握每一类图表的特质。

训练 2：明确定义图

明确定义图由上下两个框格组成，结构十分简单。使用这张图表时，只需在上框填入想要明确定义的语句，在下框填入该语句对应的定义即可（见图 2-4）。

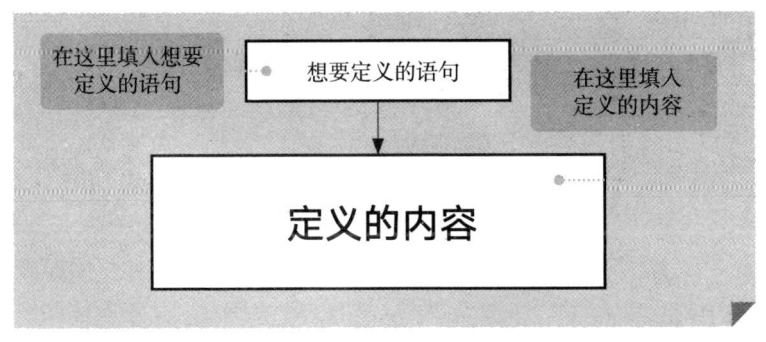

图 2-4　明确定义图

步骤1：根据需要，进一步拆解句子框格图

在形成句子框格图的阶段，经常会出现某一框格内同时包含着想要明确定义的词语及其定义的情况。这时，只需将两者拆分开来，就形成了明确定义图的雏形。

图2-3中添加底色的框格（含上方小框）就可以做成一张明确定义图（见图2-5）。

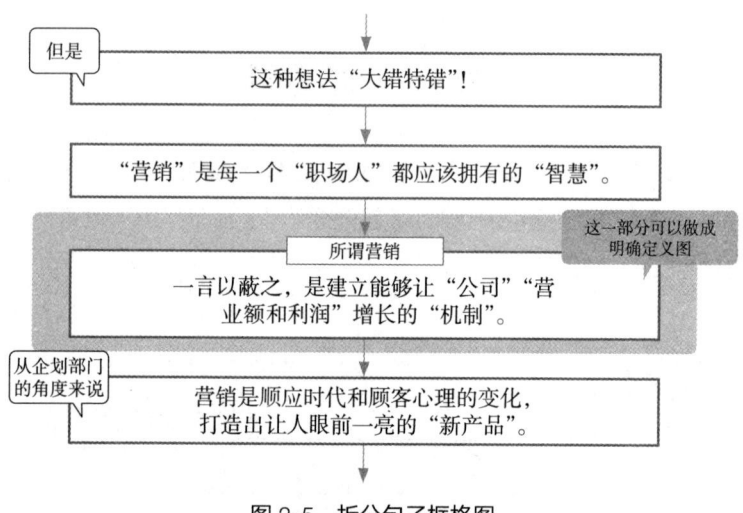

```
         ┌──────┐
         │ 但是 │──→ 这种想法"大错特错"！
         └──────┘
              ↓
    "营销"是每一个"职场人"都应该拥有的"智慧"。
              ↓
    ┌─────────────────────────────────────┐
    │         所谓营销                     │  这一部分可以做成
    │  一言以蔽之，是建立能够让"公司""营   │  明确定义图
    │  业额和利润"增长的"机制"。          │
    └─────────────────────────────────────┘
              ↓
  ┌────────┐
  │从企划部门│
  │的角度来说│──→ 营销是顺应时代和顾客心理的变化，
  └────────┘     打造出让人眼前一亮的"新产品"。
```

图2-5　拆分句子框格图

为什么这一部分能够做成明确定义图？因为图2-3中添加底色的框格中的语句，言简意赅地解释了营销的内涵。"所谓营销""一言以蔽之"是两处关键提示。

步骤2：简化框格内的语言表达

冗长的解释不仅晦涩难懂，且容易造成歧义，因此要尽量简化框格内的语言表达。此外，还可以采用加粗下框的框线、放大框格内的文字等方法，以加强下框的视觉效果。

图2-6是例文中对营销所做的定义。

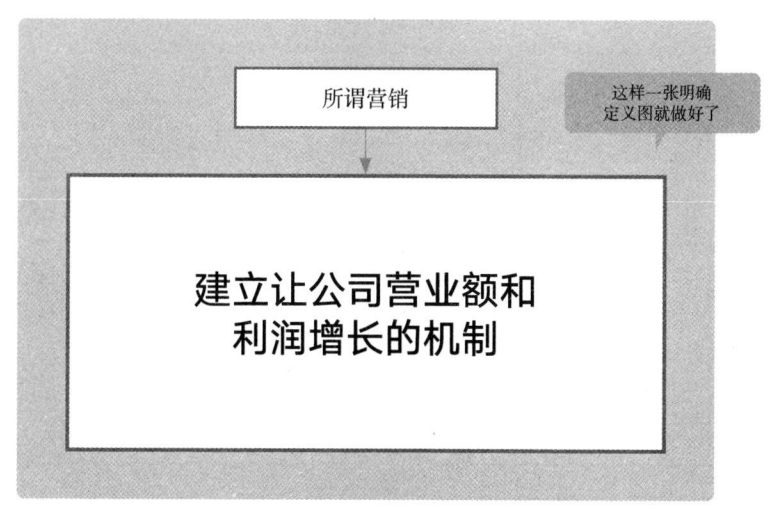

```
       ┌──────────────┐
       │   所谓营销    │         这样一张明确
       └──────┬───────┘         定义图就做好了
              ↓
  ┌─────────────────────────┐
  │                         │
  │    建立让公司营业额和     │
  │      利润增长的机制       │
  │                         │
  └─────────────────────────┘
```

图2-6　简化表达后的明确定义图

这里有一个关键：以"所谓……"开头，或者是能够转换为此句式的内容，都可以做成明确定义图。

训练3：判断正误图

判断正误图是针对两个需要探讨的要素，从主观或客观角度出发，明确判断正确（想要肯定的内容）或错误（想要否定的内容）的一类图表（见图2-7）。

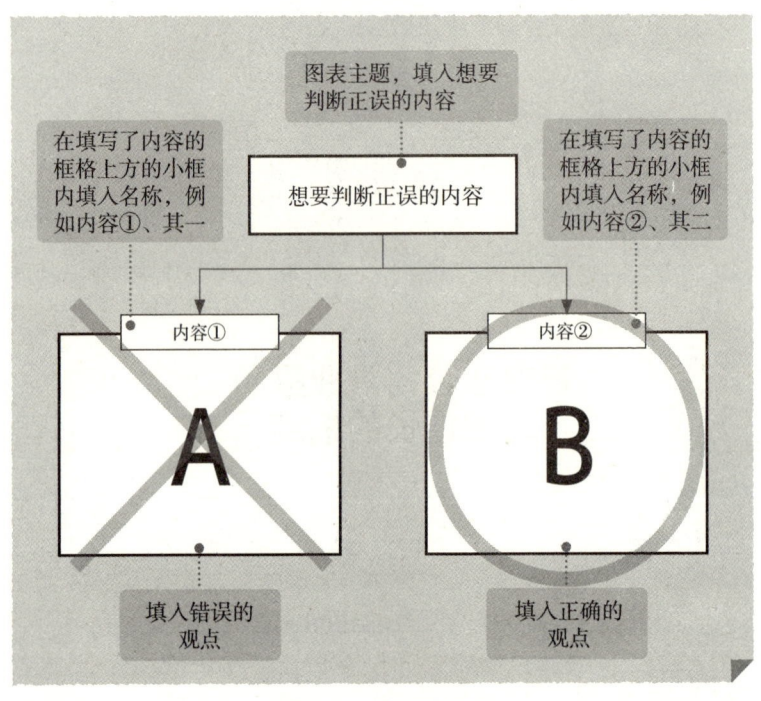

图2-7 判断正误图

第 2 章
结构化文字训练，助你思考时间减半

步骤 1：将句子框格图拆分为主题、错误观点和正确观点

在分析作者评判什么是正确的或错误的内容时，先要找到主题；然后以"不是……""……是错误的""但是"等词为切入点，找出作者想要肯定和否定的内容。

完成拆分以后，在判断正误图最上方的框格填入主题，再在左下方的框格内填入错误观点（作者认为错误的、想要否定的内容），在右下方的框格内填入正确观点（作者认为正确的、想要肯定的内容），并在框格上方的小框内填入名称。

将正确观点放在判断正误图的右侧，是因为读者在阅览图表的时候，习惯从左至右的阅读顺序，因此会先看到错误观点，后看到正确观点，而后看到的内容能给人留下更为深刻的印象。

那么，我们来实际处理一下例文吧（见图 2-8）。

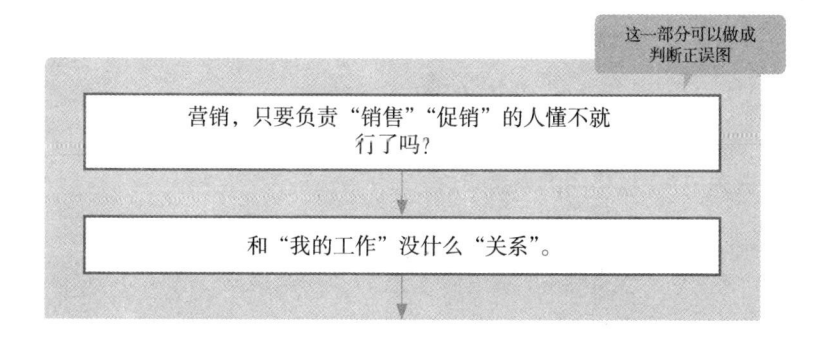

> 这一部分可以做成判断正误图

营销，只要负责"销售""促销"的人懂不就行了吗？

↓

和"我的工作"没什么"关系"。

↓

一生受用的"结构化思考"

```
┌─────────────────────────────────────────────┐
│            可能也有人像这样在心里犯嘀咕。      │
│                      ↓                       │
│  ┌但是┐                                      │
│  └───┘        这种想法"大错特错"！            │
│                      ↓                       │
│     "营销"是每一个"职场人"都应该拥有的"智慧"。│
└─────────────────────────────────────────────┘
                      ↓
              ┌─ 所谓营销 ─┐
              └───────────┘
        一言以蔽之，是建立能够让"公司""营业额"
              和"利润"增长的"机制"。
                      ↓
```

图 2-8　拆分句子框格图

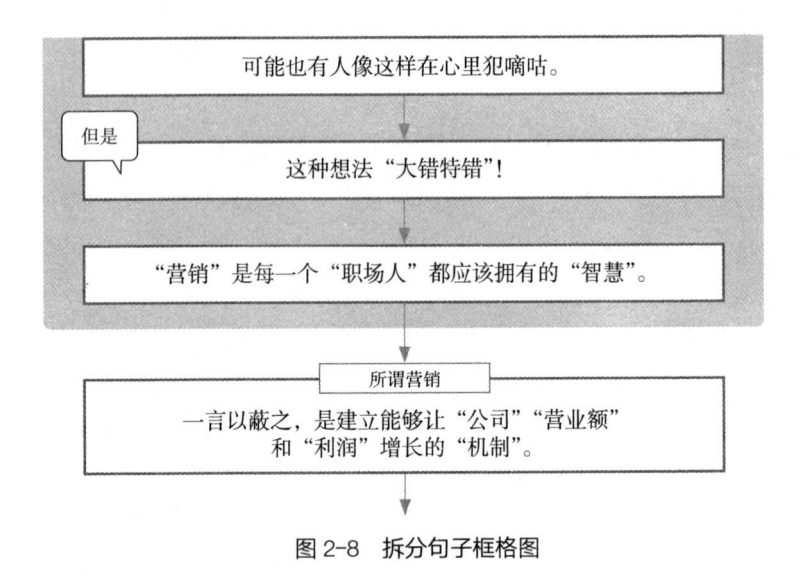

为什么这一部分能够做成判断正误图？因为"但是""大错特错"等词语都是对前文的否定，因此图 2-3 中添加底色的部分可以考虑做成判断正误图。"但是"前面的内容是错误观点，后面的内容是正确观点。

下面，让我们把句子框格图转换为判断正误图（见图 2-9）。

步骤 2：简化框格内的语言表达

如果句子框格图中的语句复杂难懂，那么就要进行简化。简化框格内的文字以后，一张更为清晰的判断正误图就做好了（见图 2-10）。

第 2 章
结构化文字训练，助你思考时间减半

这样一张判断正误图就做好了

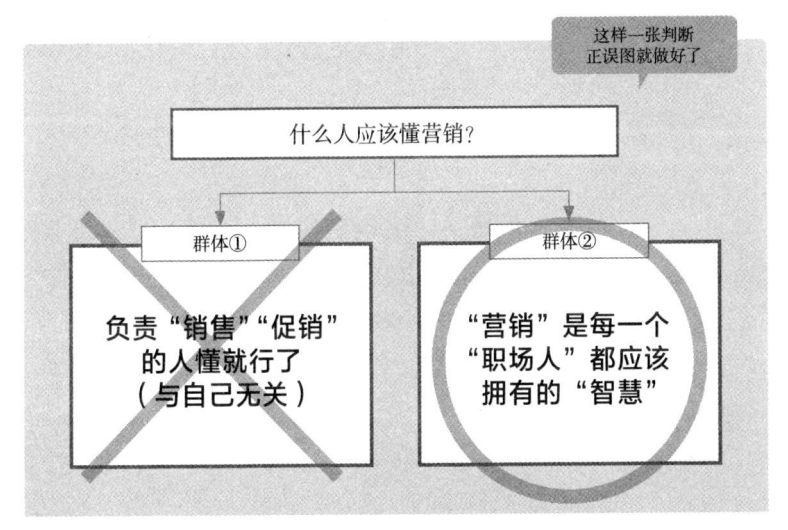

```
        什么人应该懂营销？
        ┌──────┴──────┐
      群体①          群体②
  负责"销售""促销"   "营销"是每一个
   的人懂就行了      "职场人"都应该
   （与自己无关）    拥有的"智慧"
```

图 2-9　转换后的判断正误图

判断正误图完成了！

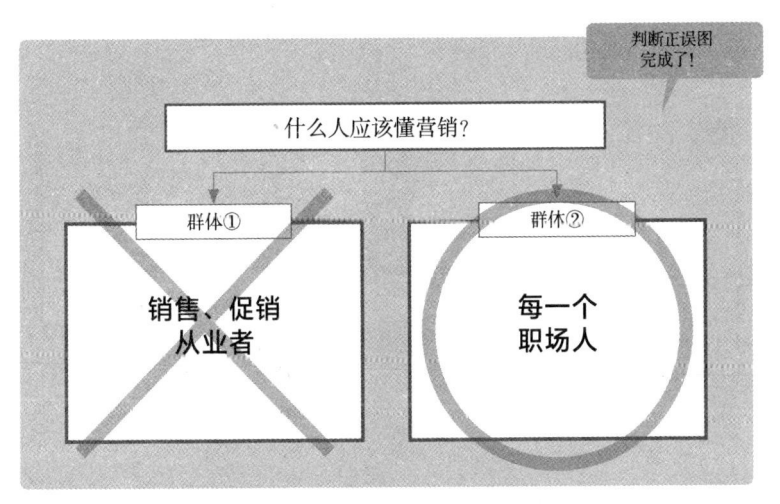

```
        什么人应该懂营销？
        ┌──────┴──────┐
      群体①          群体②
    销售、促销        每一个
     从业者          职场人
```

图 2-10　简化表达后的判断正误图

037

这里有一个关键点：以"是……而不是……"的句式下结论的内容，都可以做成判断正误图。

训练 4：梳理要素图

梳理要素图有助于整理并列或零散的要素（见图 2-11）。

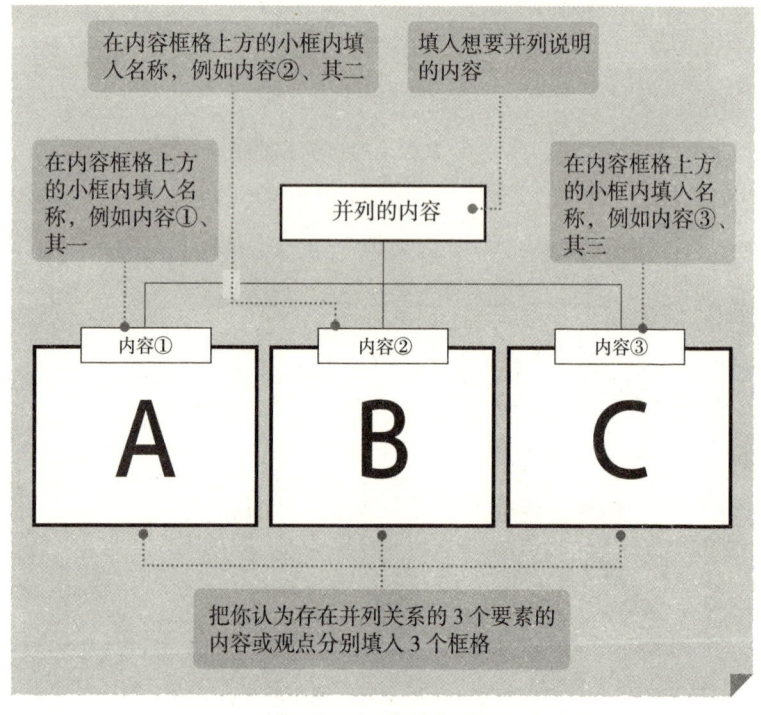

图 2-11 梳理要素图

步骤1：将句子框格图拆分为"主题"和"要素"

在分析作者选取了哪些要素的时候，首先要找到主题，也就是并列的内容；然后将对应主题的多个回答填入要素框格，并在框格上方的小框内填入名称（见图2-12）。

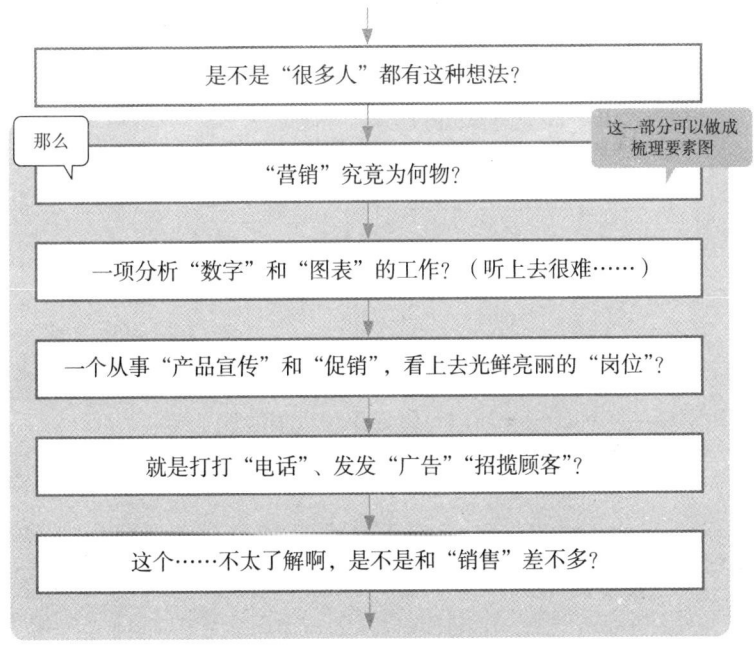

```
           ↓
┌─────────────────────────────────────┐
│    是不是"很多人"都有这种想法？      │
└─────────────────────────────────────┘
           ↓                    ┌─────────────────┐
 ┌────┐                         │ 这一部分可以做成 │
 │那么│    ↓                    │   梳理要素图    │
 └────┘                         └─────────────────┘
┌─────────────────────────────────────┐
│        "营销"究竟为何物？            │
└─────────────────────────────────────┘
           ↓
┌─────────────────────────────────────┐
│ 一项分析"数字"和"图表"的工作？（听上去很难……）│
└─────────────────────────────────────┘
           ↓
┌─────────────────────────────────────┐
│ 一个从事"产品宣传"和"促销"，看上去光鲜亮丽的"岗位"？│
└─────────────────────────────────────┘
           ↓
┌─────────────────────────────────────┐
│ 就是打打"电话"、发发"广告""招揽顾客"？│
└─────────────────────────────────────┘
           ↓
┌─────────────────────────────────────┐
│ 这个……不太了解啊，是不是和"销售"差不多？│
└─────────────────────────────────────┘
           ↓
```

图2-12 拆分句子框格图

下面，让我们把句子框格图转换为梳理要素图（见图2-13）。

一生受用的"结构化思考"

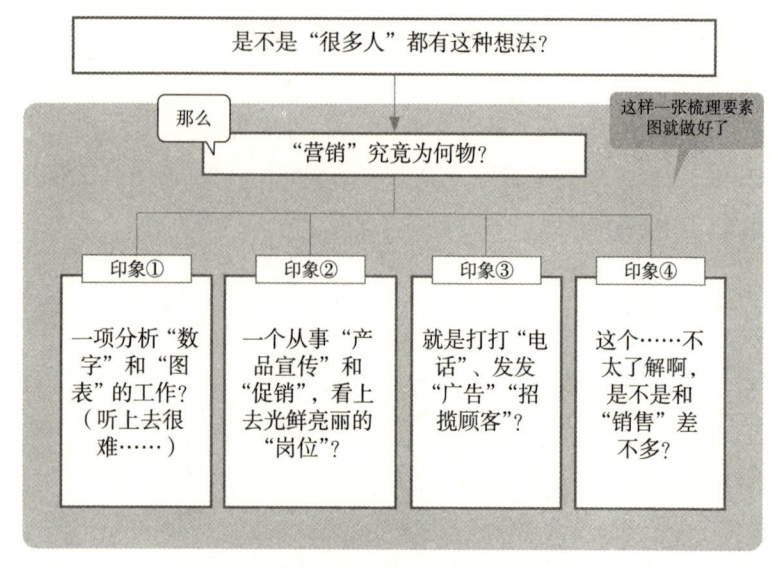

```
┌─────────────────────────────────┐
│   是不是"很多人"都有这种想法？   │
└─────────────────────────────────┘
            │
    ┌───────┴────────┐
    │ 那么          │            ┌──────────────┐
    │ "营销"究竟为何物？│            │这样一张梳理要素│
    └────────────────┘            │图就做好了    │
       │                           └──────────────┘
  ┌────┼────┬────────┬────────┐
┌──┴──┐┌──┴──┐┌──┴──┐┌──┴──┐
│印象①││印象②││印象③││印象④│
├─────┤├─────┤├─────┤├─────┤
│一项分││一个从││就是打││这个……│
│析"数 ││事"产 ││打"电 ││不太了│
│字"和 ││品宣传││话"、发││解啊， │
│"图表"││"和"促 ││发"广 ││是不是│
│的工作││销"，看││告""招 ││和"销 │
│？（听││上去光││揽顾客"││售"差 │
│上去很││鲜亮丽││？    ││不多？│
│难……）││的"岗位"│└─────┘└─────┘
└─────┘│"？    │
       └─────┘
```

图 2-13　转换后的梳理要素图

　　为什么这一部分能够做成梳理要素图？因为这一部分罗列了人们对营销的各种印象，所以可以使用梳理要素图。

步骤 2：简化框格内的语言表达

　　如果句子框格图中的语句复杂难懂，那么就要进行简化（见图 2-14）。

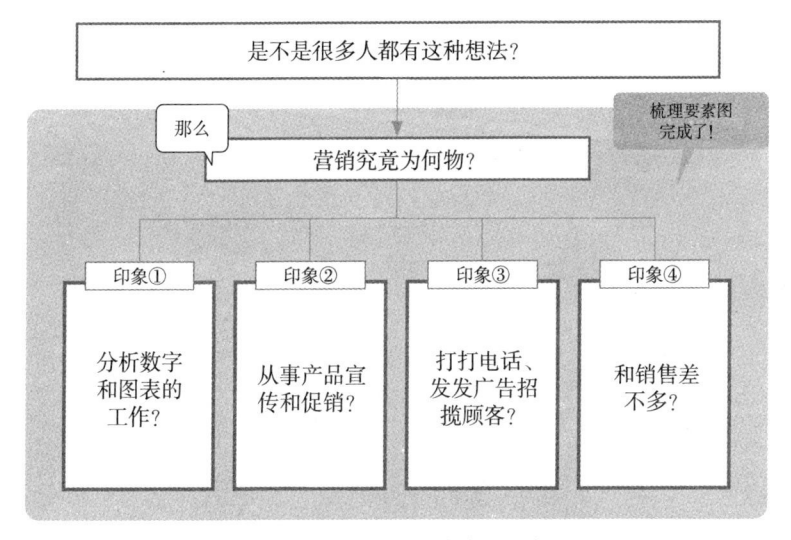

第 2 章
结构化文字训练，助你思考时间减半

```
┌─────────────────────────────┐
│   是不是很多人都有这种想法？      │
└──────────────┬──────────────┘
               │
    ┌─────┐    ▼                    ┌─────────┐
    │ 那么 │  营销究竟为何物？          │梳理要素图│
    └─────┘                         │完成了！  │
         ┌────┬────┬────┐           └─────────┘
       印象①  印象②  印象③  印象④
      分析数字 从事产品宣 打打电话、 和销售差
      和图表的 传和促销？ 发发广告招 不多？
       工作？          揽顾客？
```

图 2-14　简化表达后的梳理要素图

　　这里有一个关键点：当文章罗列了与主题相关的多个要素时，就可以将其转换为梳理要素图。

训练 5：对比要素图

　　对比要素图的作用是平等地比较两个内容，表示出对立的概念（见图 2-15）。

041

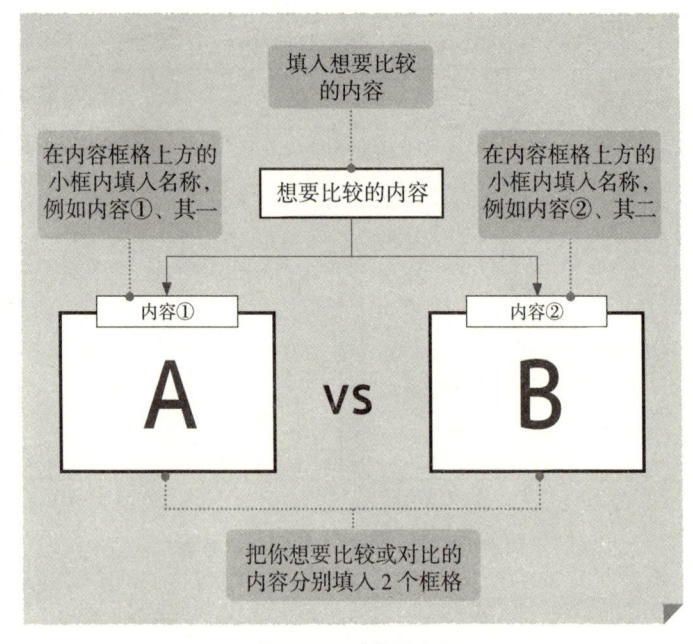

图 2-15 对比要素图

步骤1：将句子框格图拆分为"主题"和"需要比较的两个内容"

在作者围绕某个观点进行比较说明的时候，我们首先要明确主题，将其填入对比要素图上方的框格内；然后从文中提取出存在对立关系的要素，逐一填入对比要素图下方的框格内。在对比框格上方的小框内填入名称（见图2-16）。

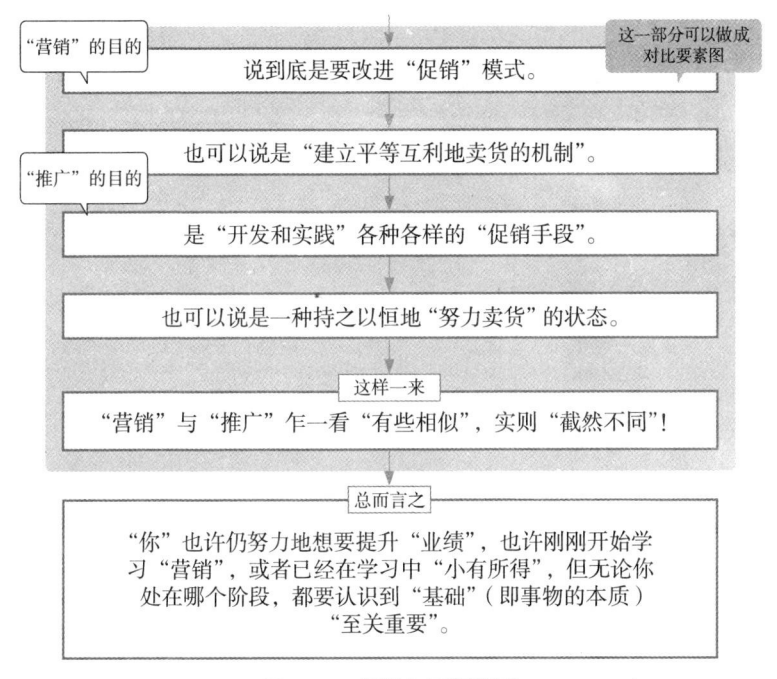

第 2 章
结构化文字训练，助你思考时间减半

```
"营销"的目的 ─┐                              ┌─ 这一部分可以做成
              │  说到底是要改进"促销"模式。   │   对比要素图
              │                              
              │  也可以说是"建立平等互利地卖货的机制"。
"推广"的目的 ─┤
              │  是"开发和实践"各种各样的"促销手段"。
              │
              │  也可以说是一种持之以恒地"努力卖货"的状态。
              
   这样一来
   "营销"与"推广"乍一看"有些相似"，实则"截然不同"！
   
   总而言之
   "你"也许仍努力地想要提升"业绩"，也许刚刚开始学
   习"营销"，或者已经在学习中"小有所得"，但无论你
   处在哪个阶段，都要认识到"基础"（即事物的本质）
   "至关重要"。
```

图 2-16　拆分句子框格图

为什么这一部分能够做成对比要素图？因为在左边插入的两个对白框均表示"目的"，显然，这表明二者是可以进行比较的对象。

下面，让我们把句子框格图转换为对比要素图（见图 2-17）。

043

一生受用的"结构化思考"

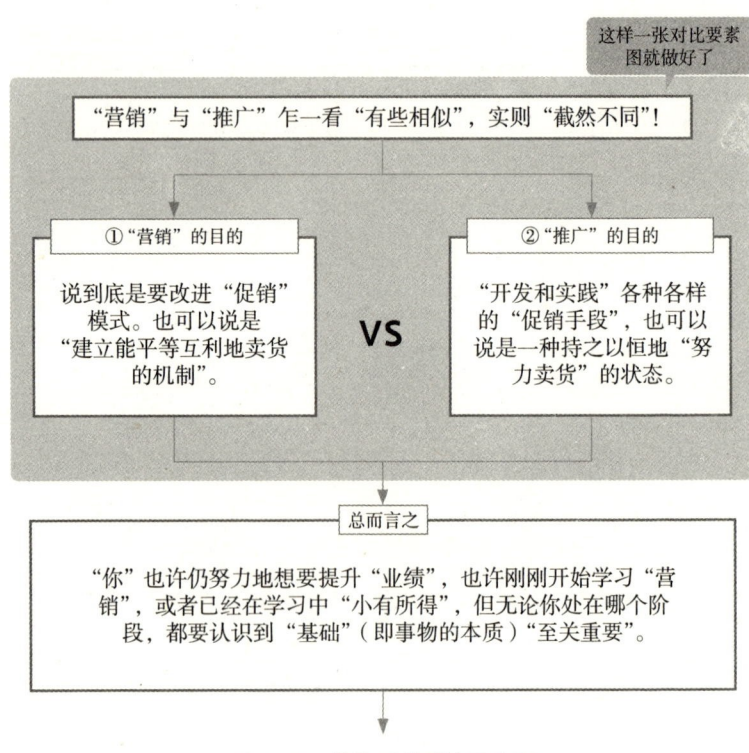

```
                                          ┌──────────────┐
                                          │这样一张对比要素│
                                          │  图就做好了   │
                                          └──────┬───────┘
┌─────────────────────────────────────────────────▼──────┐
│      "营销"与"推广"乍一看"有些相似",实则"截然不同"!        │
│                         │                              │
│          ┌──────────────┴──────────────┐               │
│          ▼                             ▼               │
│  ┌───────────────┐             ┌───────────────┐       │
│  │ ①"营销"的目的 │             │ ②"推广"的目的 │       │
│  └───────────────┘             └───────────────┘       │
│  说到底是要改进"促销"              "开发和实践"各种各样   │
│  模式。也可以说是      VS          的"促销手段",也可以   │
│  "建立能平等互利地卖货"            说是一种持之以恒地"努 │
│  的机制"。                         力卖货"的状态。       │
│                                                        │
└────────────────────────────┬───────────────────────────┘
                             ▼
                      ┌─────────────┐
                      │   总而言之   │
                      └─────────────┘
┌────────────────────────────────────────────────────────┐
│  "你"也许仍努力地想要提升"业绩",也许刚刚开始学习"营      │
│   销",或者已经在学习中"小有所得",但无论你处在哪个阶     │
│   段,都要认识到"基础"(即事物的本质)"至关重要"。        │
└────────────────────────────┬───────────────────────────┘
                             ▼
```

图 2-17　转换后的对比要素图

步骤 2：简化框格内的语言表达

　　让我们来简化一下框格里的语句。这一过程中，也可以插入小框和对白框来进行调整（见图 2-18）。

第 2 章
结构化文字训练，助你思考时间减半

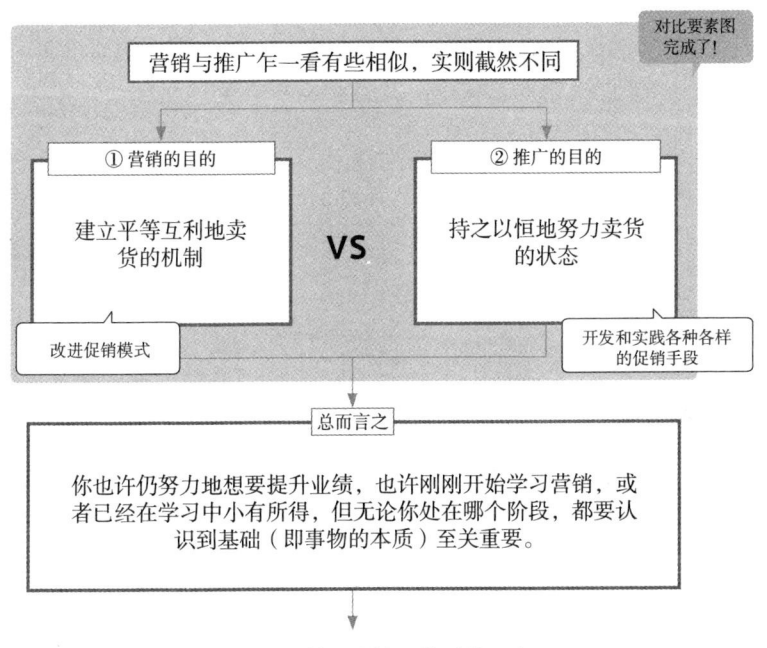

```
┌─────────────────────────────────────────────┐  ┌──────────┐
│         营销与推广乍一看有些相似，实则截然不同    │  │对比要素图 │
│                                             │  │完成了！  │
│   ┌─────────────┐         ┌─────────────┐   │  └──────────┘
│   │ ①营销的目的  │         │ ②推广的目的  │   │
│   ├─────────────┤   VS    ├─────────────┤   │
│   │建立平等互利地│         │持之以恒地努力│   │
│   │卖货的机制    │         │卖货的状态    │   │
│   └─────────────┘         └─────────────┘   │
│  ┌──────────┐                 ┌────────────┐│
│  │改进促销模式│                 │开发和实践各种││
│  └──────────┘                 │各样的促销手段││
│                                 └────────────┘│
└─────────────────────────────────────────────┘
            │
       ┌─总而言之─────────────────────────────┐
       │ 你也许仍努力地想要提升业绩，也许刚刚开始学│
       │ 习营销，或者已经在学习中小有所得，但无论你│
       │ 处在哪个阶段，都要认识到基础（即事物的本质）│
       │ 至关重要。                            │
       └──────────────────────────────────┘
```

图 2-18 简化表达后的对比要素图

这里有一个关键点：如果内容可以进行比较、有对比的意味，就可以将其转换为对比要素图。

训练 6：思考过程图

思考过程图用于表现时间或逻辑顺序（见图 2-19）。

045

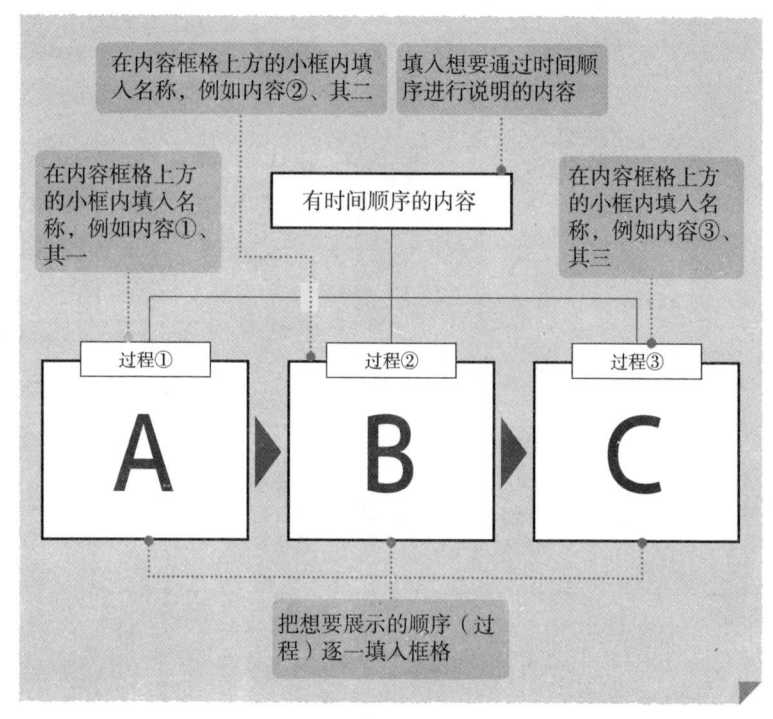

图 2-19 思考过程图

步骤 1：按照"主题"和"时间或逻辑顺序"拆分句子框格图

当作者按照某种顺序阐述主旨的时候，我们首先要把阐述的主题填入思考过程图上方的框格内，然后根据时间或逻辑顺序，从左到右依次将各阶段的内容填入下方的框格。在顺序框格上方的小框填入名称（见图 2-20）。

第 2 章
结构化文字训练，助你思考时间减半

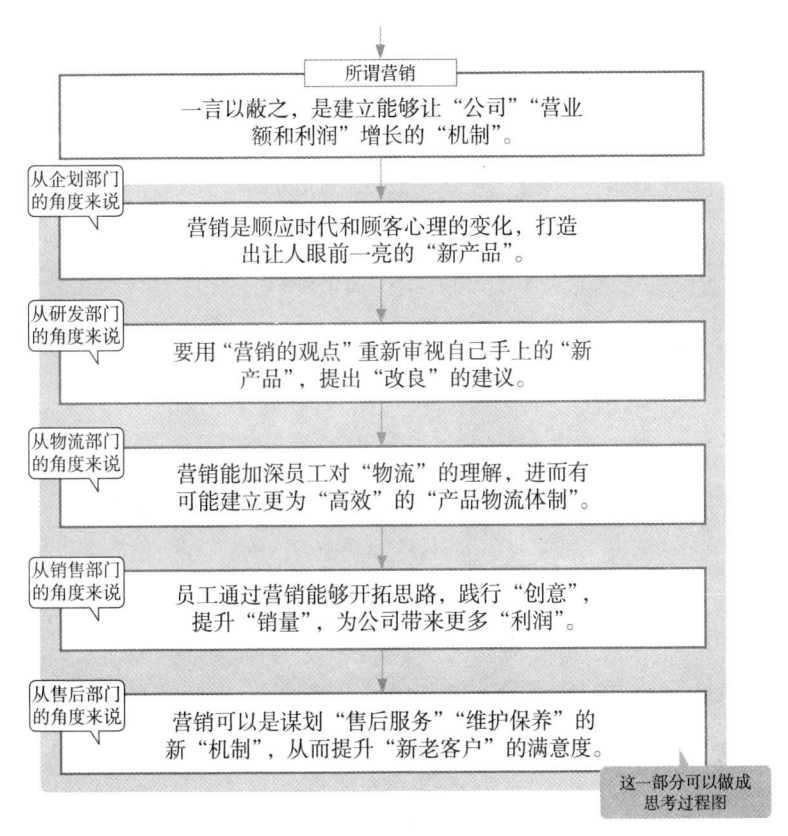

```
                    ┌──────────────┐
                    │   所谓营销    │
                    └──────┬───────┘
                           │
              ┌────────────┴────────────┐
              │ 一言以蔽之，是建立能够让"公司""营业 │
              │   额和利润"增长的"机制"。        │
              └────────────┬────────────┘
                           │
┌─────────┐    ┌────────────┴────────────┐
│从企划部门│    │ 营销是顺应时代和顾客心理的变化，打造 │
│的角度来说│────│   出让人眼前一亮的"新产品"。     │
└─────────┘    └────────────┬────────────┘
                           │
┌─────────┐    ┌────────────┴────────────┐
│从研发部门│    │ 要用"营销的观点"重新审视自己手上的"新│
│的角度来说│────│   产品"，提出"改良"的建议。      │
└─────────┘    └────────────┬────────────┘
                           │
┌─────────┐    ┌────────────┴────────────┐
│从物流部门│    │ 营销能加深员工对"物流"的理解，进而有│
│的角度来说│────│ 可能建立更为"高效"的"产品物流体制"。│
└─────────┘    └────────────┬────────────┘
                           │
┌─────────┐    ┌────────────┴────────────┐
│从销售部门│    │ 员工通过营销能够开拓思路，践行"创意"，│
│的角度来说│────│   提升"销量"，为公司带来更多"利润"。│
└─────────┘    └────────────┬────────────┘
                           │
┌─────────┐    ┌────────────┴────────────┐
│从售后部门│    │ 营销可以是谋划"售后服务""维护保养"的│
│的角度来说│────│   新"机制"，从而提升"新老客户"的满意度。│
└─────────┘    └─────────────────────────┘
                                    这一部分可以做成
                                    思考过程图
```

图 2-20　拆分句子框格图

为什么这一部分能够做成思考过程图？因为上述涉及各部门名称的对白框内容展示了公司产品从生产到流通的全过程，所以可以做成思考过程图。思考过程图与梳理要素图在一定程度上容易混淆，但思考过程图表现的是过程，而不是并列关系。

047

下面，让我们把句子框格图转换为思考过程图（见图 2-21）。

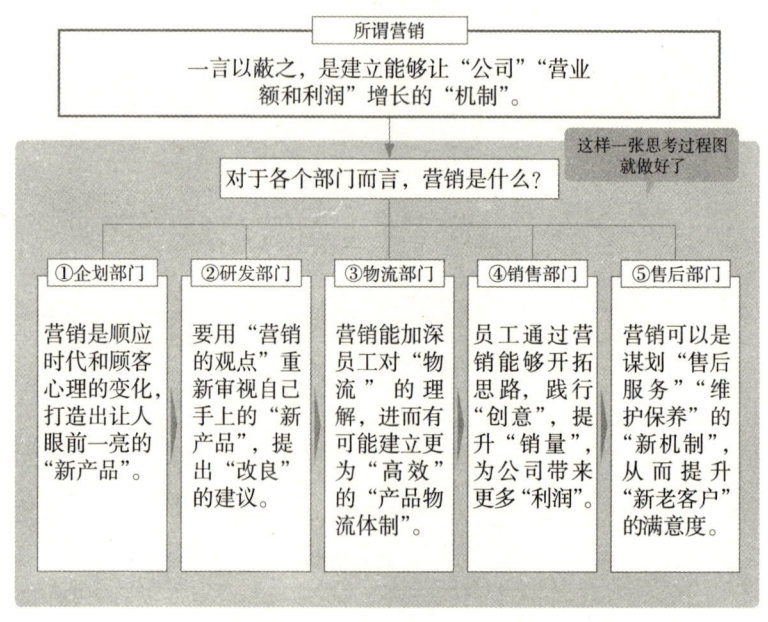

```
                    ┌──────────────┐
                    │   所谓营销    │
                    ├──────────────┤
                    │一言以蔽之，是建立能够让"公司""营业│
                    │额和利润"增长的"机制"。│
                    └──────┬───────┘
                           │                    ┌─────────────┐
                    ┌──────┴───────┐            │这样一张思考过程图│
                    │对于各个部门而言，│          │    就做好了    │
                    │  营销是什么？  │           └─────────────┘
                    └──────┬───────┘
   ┌───────┬───────┬──────┼──────┬───────┐
┌──┴──┐ ┌──┴──┐ ┌──┴──┐ ┌──┴──┐ ┌──┴──┐
│①企划部门│ │②研发部门│ │③物流部门│ │④销售部门│ │⑤售后部门│
├─────┤ ├─────┤ ├─────┤ ├─────┤ ├─────┤
│营销是顺应│ │要用"营销│ │营销能加深│ │员工通过营│ │营销可以是│
│时代和顾客│ │的观点"重│ │员工对"物│ │销能够开拓│ │谋划"售后│
│心理的变化，│ │新审视自己│ │流"的理│ │思路，践行│ │服务""维│
│打造出让人│ │手上的"新│ │解，进而有│ │"创意"，提│ │护保养"的│
│眼前一亮的│ │产品"，提│ │可能建立更│ │升"销量"，│ │"新机制"，│
│"新产品"。│ │出"改良"│ │为"高效"│ │为公司带来│ │从而提升│
│      │ │的建议。│ │的"产品物│ │更多"利润"。│ │"新老客户"│
│      │ │     │ │流体制"。│ │     │ │的满意度。│
└─────┘ └─────┘ └─────┘ └─────┘ └─────┘
```

图 2-21　转换后的思考过程图

步骤2：简化框格内的语言表达

让我们来简化一下框格里的语句，使框格里有关各个部门的阐述变得更加简洁（见图 2-22）。

第 2 章
结构化文字训练，助你思考时间减半

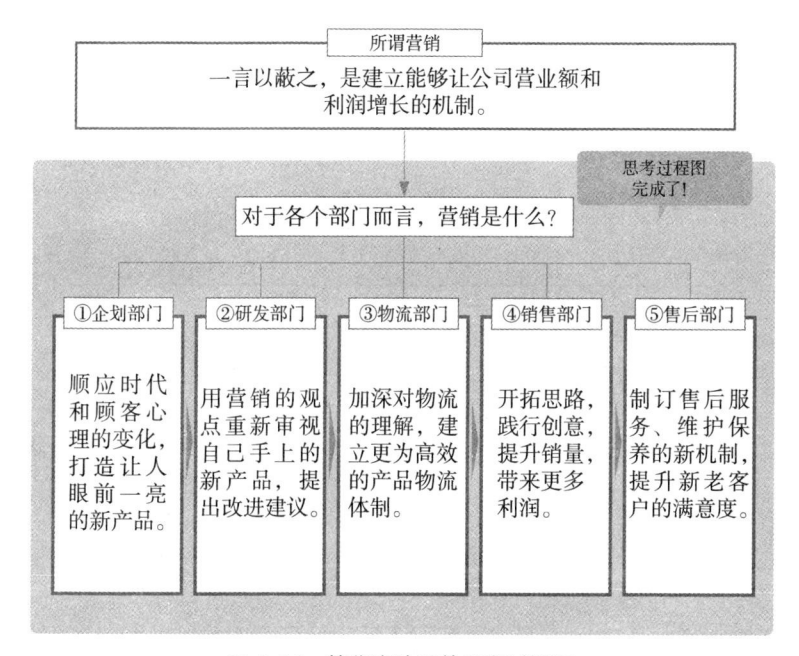

图 2-22 简化表达后的思考过程图

这里有一个关键点：如果内容包含了过程，那么就可以将其转换为思考过程图。

训练 7：排列组合图

排列组合图就是根据需要，对句子框格图、明确定义图、判断正误图、梳理要素图、对比要素图以及思考过程图进行排列组合。

具体情况不同，排列组合图的形式也千变万化。图 2-23 是两个基础形式的例子。将前文制作好的各类图表排列组合以后，究竟会使例文形成怎样的一张图表？请看后文。

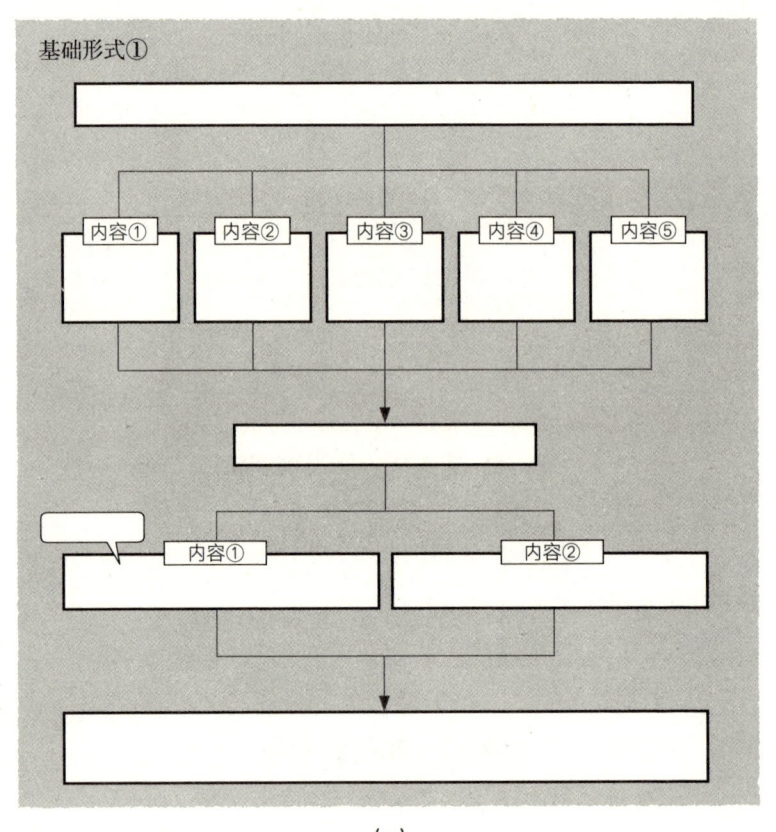

(a)

第 2 章
结构化文字训练，助你思考时间减半

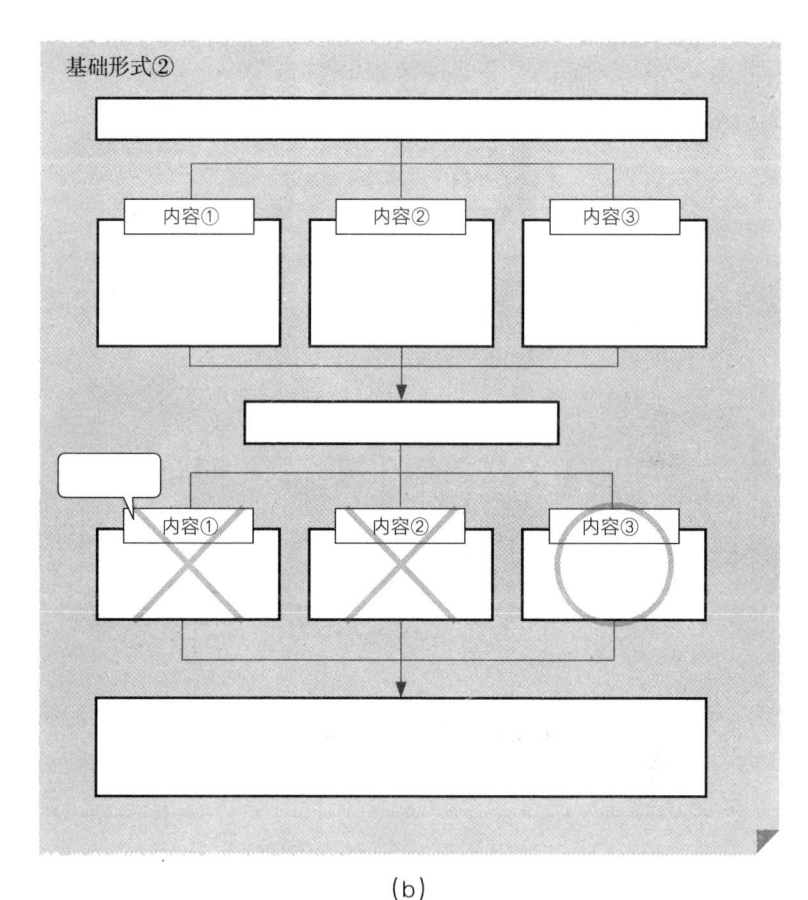

基础形式②

（b）

图 2-23　排列组合图的基础形式

　　排列组合各类图表，在图表与图表之间以句子框格图作为串联。最终，例文将形成这样一张排列组合图（见图 2-24）。

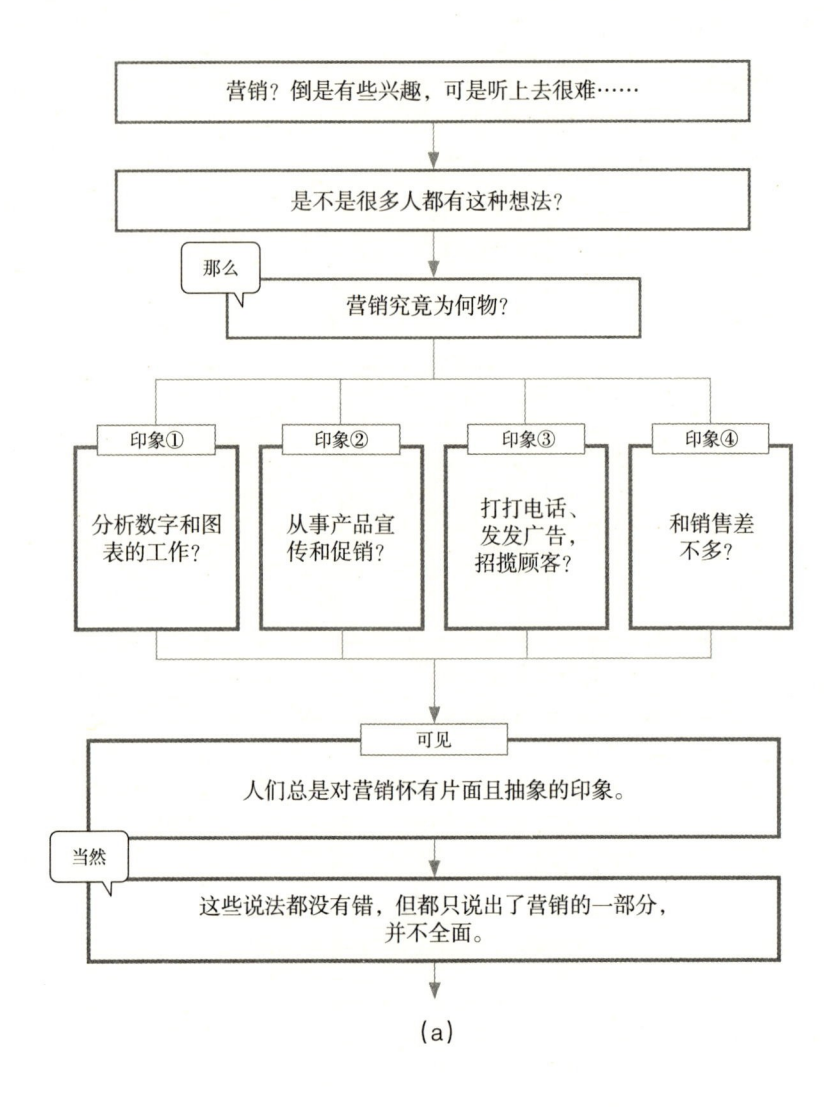

```
┌─────────────────────────────────────┐
│ 营销？倒是有些兴趣，可是听上去很难…… │
└─────────────────────────────────────┘
                  ↓
┌─────────────────────────────────────┐
│     是不是很多人都有这种想法？        │
└─────────────────────────────────────┘
        【那么】
┌─────────────────────────────────────┐
│          营销究竟为何物？             │
└─────────────────────────────────────┘
      ↓        ↓        ↓        ↓
   印象①    印象②    印象③    印象④
  ┌─────┐ ┌─────┐ ┌──────┐ ┌─────┐
  │分析数│ │从事产│ │打打电│ │和销售│
  │字和图│ │品宣传│ │话、发│ │差不多│
  │表的工│ │和促销│ │发广告│ │？    │
  │作？  │ │？    │ │招揽顾│ │      │
  │      │ │      │ │客？  │ │      │
  └─────┘ └─────┘ └──────┘ └─────┘
                  ↓
┌─────────────────────────────────────┐
│              可见                    │
│   人们总是对营销怀有片面且抽象的印象。│
└─────────────────────────────────────┘
     【当然】      ↓
┌─────────────────────────────────────┐
│ 这些说法都没有错，但都只说出了营销的 │
│           一部分，并不全面。          │
└─────────────────────────────────────┘
                  ↓
                (a)
```

第 2 章
结构化文字训练，助你思考时间减半

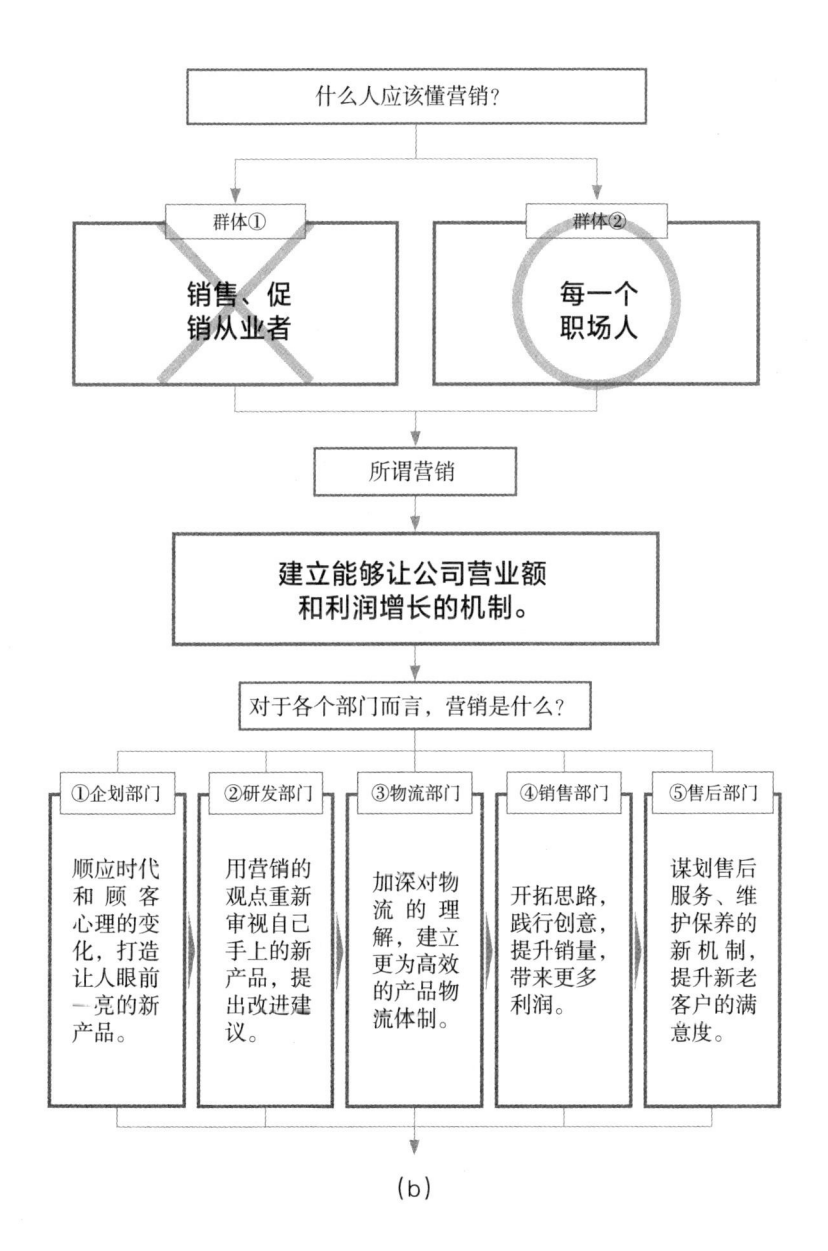

```
                    什么人应该懂营销？
                    ┌──────┴──────┐
                  群体①          群体②
              ┌─────────┐    ┌─────────┐
              │ 销售、促 │    │ 每一个  │
              │ 销从业者 │    │ 职场人  │
              │   (×)   │    │   (○)   │
              └─────────┘    └─────────┘
                         │
                     所谓营销
                         │
              建立能够让公司营业额
              和利润增长的机制。
                         │
              对于各个部门而言，营销是什么？
   ┌──────┬──────┬──────┬──────┬──────┐
  ①企划  ②研发  ③物流  ④销售  ⑤售后
   部门    部门    部门    部门    部门
```

①企划部门	②研发部门	③物流部门	④销售部门	⑤售后部门
顺应时代和顾客心理的变化，打造让人眼前一亮的新产品。	用营销的观点重新审视自己手上的新产品，提出改进建议。	加深对物流的理解，建立更为高效的产品物流体制。	开拓思路，践行创意，提升销量，带来更多利润。	谋划售后服务、维护保养的新机制，提升新老客户的满意度。

(b)

一生受用的"结构化思考"

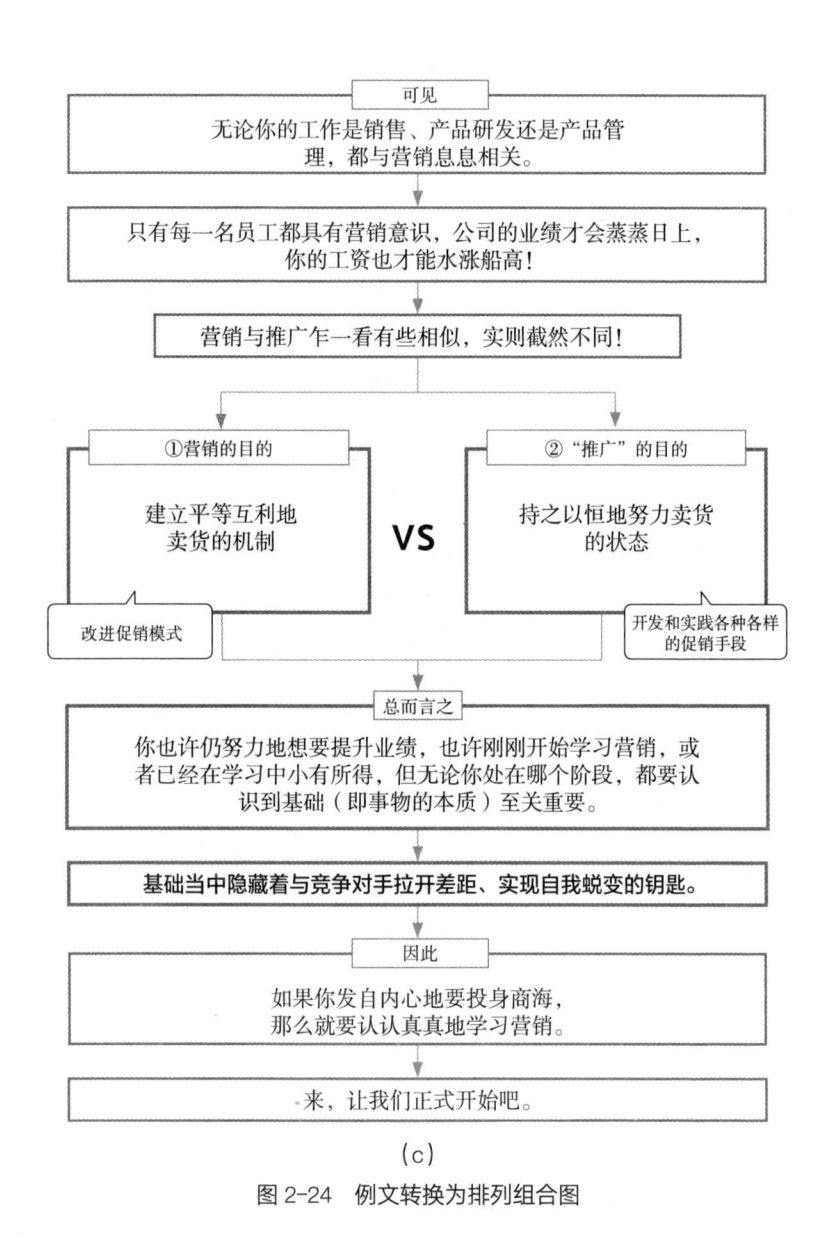

可见
无论你的工作是销售、产品研发还是产品管理，都与营销息息相关。

只有每一名员工都具有营销意识，公司的业绩才会蒸蒸日上，你的工资也才能水涨船高！

营销与推广乍一看有些相似，实则截然不同！

① 营销的目的
建立平等互利地卖货的机制

VS

② "推广"的目的
持之以恒地努力卖货的状态

改进促销模式

开发和实践各种各样的促销手段

总而言之
你也许仍努力地想要提升业绩，也许刚刚开始学习营销，或者已经在学习中小有所得，但无论你处在哪个阶段，都要认识到基础（即事物的本质）至关重要。

基础当中隐藏着与竞争对手拉开差距、实现自我蜕变的钥匙。

因此
如果你发自内心地要投身商海，那么就要认认真真地学习营销。

-来，让我们正式开始吧。

(c)

图 2-24 例文转换为排列组合图

第 2 章
结构化文字训练，助你思考时间减半

怎么样？你是不是或多或少掌握到了一些用七图法概括文章的方法？

接下来，你要练习运用七图法独立完成对文章的概括。我会把自己拟制的示范图放在每道练习题之后，当你不知道应该用哪张图表，或者不清楚对白框以及标题小框的用法时，可以参考。请注意，不要只是草草浏览一遍后在心里进行思考，一定要动手实操一下。只有亲自动手，才能对七图法的用法融会贯通。

答案不是唯一的，只要意思相仿即可。来，动笔练起来吧。

牛刀小试，练习一下

　　下面，我们将截取商业书里的一段内容，来练习如何运用七图法概括文章。
　　一些本就条理清晰的文章选段，非常适合进行结构化（图表化）处理。勤加练习，掌握七图法，有助于你培养结构化思考，形成运用图表来表达意图的习惯。后文给出的 3 个练习只是实现这一目标的第一步，希望你可以用自己眼下正在阅读的书进行更多的练习。

第 2 章
结构化文字训练，助你思考时间减半

练习 1：KFS

接下来，要分析"什么是决胜市场的 KFS"。关于 KFS，我会在下文进行详细介绍，简单来说，它就是在这个极具吸引力的市场上取得成功的关键。整理出能够取胜的关键点之后，我们的思路是：首先分析公司的竞争对手具备哪些优势，然后对照竞争对手明确公司的优势。我们的最终目的，是弄清楚公司具备哪些优势，以及在这个市场上的胜算有多大。

那么，这时就要说到"KFS"的含义了。KFS，是英文 Key Factor for Success 的缩写，意思是"能够占领市场的最大亮点"，也就是在开展业务的时候，锁定其中最应该重视的东西。可以说，这就是成功的关键因素。

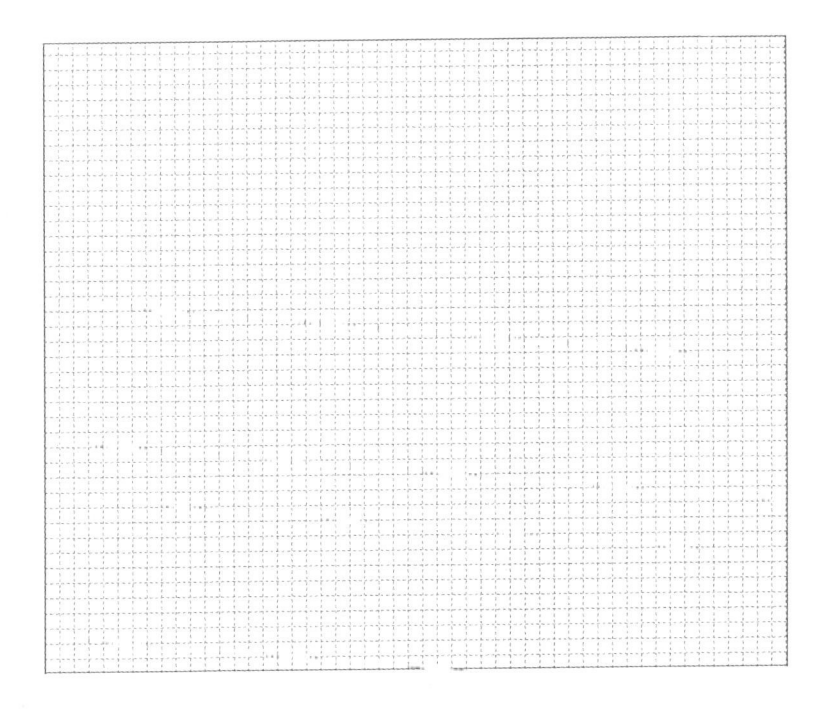

057

练习1示范图

练习1的例文基本可以原封不动地转换为如图2-25所示的排列组合图。转换后,文章内容一目了然。

```
            ┌─────────────────────────────┐
            │  什么是决胜"市场"的KFS?      │
            └─────────────────────────────┘
                         │
   ┌──────────┐          ▼
   │ 简单来说 │  ┌─────────────────────────────┐
   └──────────┘→ │  在"市场"上取得成功的"关键" │
                └─────────────────────────────┘
                         │
                         ▼
                ┌──────────────────┐
                │   我们的思路是   │
                └──────────────────┘
                    │         │
            ┌───────┘         └───────┐
            ▼                         ▼
      ┌──────────┐              ┌──────────┐
      │  步骤①  │              │  步骤②  │
      └──────────┘              └──────────┘
   ┌─────────────────┐       ┌─────────────────┐
   │ 分析"公司"的"竞争对│       │ 对照"竞争对手"明确│
   │ 手"具备哪些"优势" │  ▶   │   "公司"的"优势" │
   └─────────────────┘       └─────────────────┘
                         │
                         ▼
                ┌──────────────┐
                │   最终目的   │
                └──────────────┘
       ┌─────────────────────────────────────┐
       │ 弄清楚"公司"具备哪些"优势",以及在这个│
       │      "市场"上的胜算有多大           │
       └─────────────────────────────────────┘
                         │
  ┌──────────────┐       ▼
  │那么,什么是   │  ┌──────────────┐
  │  KFS?        │  │   所谓KFS    │
  └──────────────┘  └──────────────┘
       ┌─────────────────────────────────────────┐
       │ Key Factor for Success的缩写,即能够占领市场的最大"亮点" │
       └─────────────────────────────────────────┘
                         │
                         ▼
                ┌──────────────┐
                │   也就是     │
                └──────────────┘
       ┌─────────────────────────────────────────┐
       │ 在开展"业务"的时候,"锁定"其中最应该"重视"的东西 │
       └─────────────────────────────────────────┘
                         │
                         ▼
       ┌─────────────────────────────────────────┐
       │     可以说就是"成功"的"关键因素"        │
       └─────────────────────────────────────────┘
```

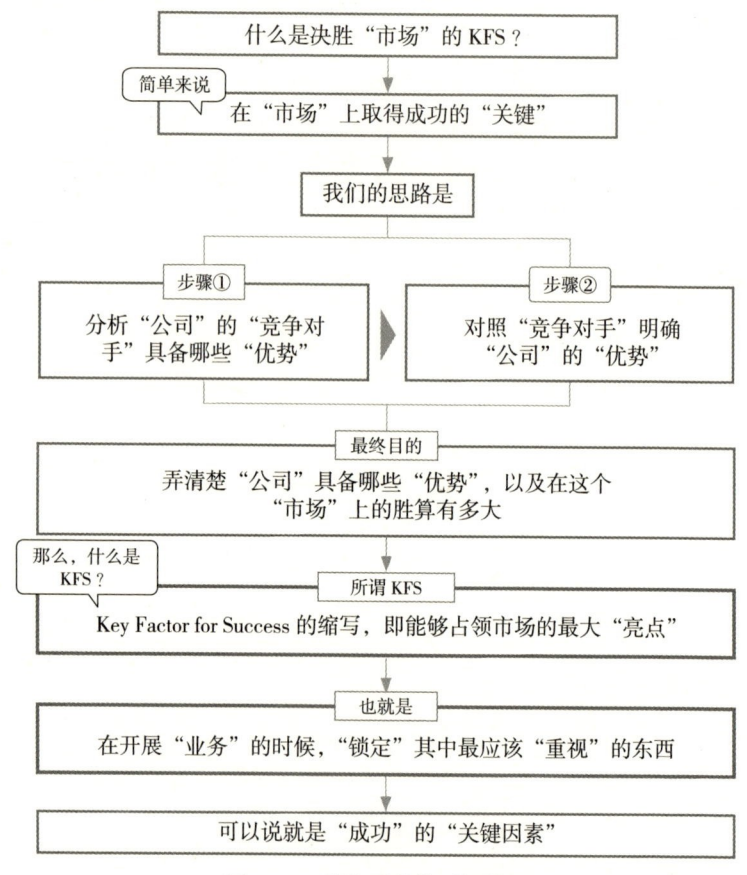

图 2-25　转换后的排列组合图

第 2 章
结构化文字训练，助你思考时间减半

练习 1 优化示范图

简化框格中的内容，删除多余的最后一句，再把对白框内"什么是 KFS"调整为独立的句子框格图，这样一来，整张图表显得更加简洁（见图 2-26）。

```
                    ┌──────────────────────────┐
                    │   什么是决胜市场的 KFS？    │
                    └──────────────────────────┘
      ┌简单来说┐              │
                    ┌──────────────────────────┐
                    │    在市场上取得成功的关键   │
                    └──────────────────────────┘
                               │
                    ┌──────────────────────────┐
                    │        我们的思路是        │
                    └──────────────────────────┘
         ┌步骤①┐                      ┌步骤②┐
    ┌──────────────┐           ┌──────────────┐
    │ 分析公司的竞争对手 │ ▶         │ 对照竞争对手明确公司 │
    │   具备哪些优势   │           │      的优势      │
    └──────────────┘           └──────────────┘

              ┌最终目的┐
    ┌────────────────────────────────────────────┐
    │ 弄清楚公司具备哪些优势，以及在这个市场上的胜算有多大 │
    └────────────────────────────────────────────┘
                    ┌那么┐
                 ┌──────────┐
                 │ 所谓 KFS │
                 └──────────┘
    ┌────────────────────────────────────────────┐
    │ Key Factor for Success 的缩写，即能够占领市场的最大亮点 │
    └────────────────────────────────────────────┘
                    ┌也就是┐
    ┌────────────────────────────────────────────┐
    │    在开展业务的时候，锁定其中最应该重视的东西    │
    └────────────────────────────────────────────┘
```

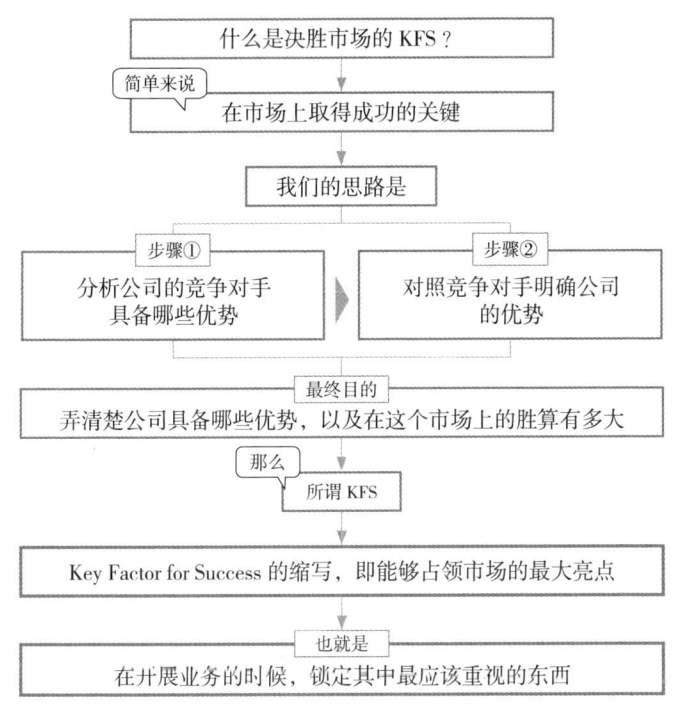

图 2-26　简化后的排列组合图

你制作的图表是什么样子？

练习 2：宗旨

所谓宗旨，简单来说就是"一种确定目标和提供价值的东西"。你可以把它看成一种明确"以什么为目标"和"能提供什么价值"的行为。该词在日语中也有"理念""使命"等含义，为了方便后续的讨论，我们在此统称为"宗旨"。

宗旨之所以重要，有两个原因。其一，任何一项业务的目标无疑都是拉动销量、赚取利润，而倘若没有明确的目标，业务的发展就没有了主心骨，从而有可能在市场中找不着北。其二，确定目标以后，团队成员才能在工作中齐心协力，提升工作效率，让工作更加卓有成效。

第 2 章
结构化文字训练，助你思考时间减半

练习 2 示范图

练习 2 的例文基本可以原封不动地转换为如图 2-27 所示的排列组合图。转换后，文章内容一目了然。

```
                    ┌──────────────┐
                    │  所谓"宗旨"   │
                    └──────┬───────┘
                           ↓
┌────────┐        ┌────────────────────────────────────┐
│简单来说 │──────→│ 就是一种"确定""目标"和提供"价值"的东西。│
└────────┘        └────────────────┬───────────────────┘
                                   ↓
                  ┌────────────────────────────────────┐
                  │ 你可以把它看成一种"明确""以什么为目标"和│
                  │        "能提供什么价值"的行为。      │
                  └────────────────┬───────────────────┘
                                   ↓
                  ┌────────────────────────────────────┐
                  │    "宗旨"之所以重要，有两个原因。    │
                  └──────┬──────────────────────┬──────┘
                         ↓                      ↓
                    ┌────────┐              ┌────────┐
                    │ 原因①  │              │ 原因②  │
                    └────┬───┘              └────┬───┘
┌──────────────────────────┐      ┌──────────────────────────┐
│任何一项"业务的目标"无疑   │      │"确定目标"以后，"团队成员"│
│都是"拉动销量""赚取利润"， │      │才能在工作中"齐心协力"，  │
│而倘若没有明确的目标，业务 │      │提升"工作效率"，让工作更  │
│的发展就没有了"主心骨"，从 │      │加"卓有成效"。            │
│而有可能在市场中"找不着北"。│      │                          │
└──────────────────────────┘      └──────────────────────────┘
```

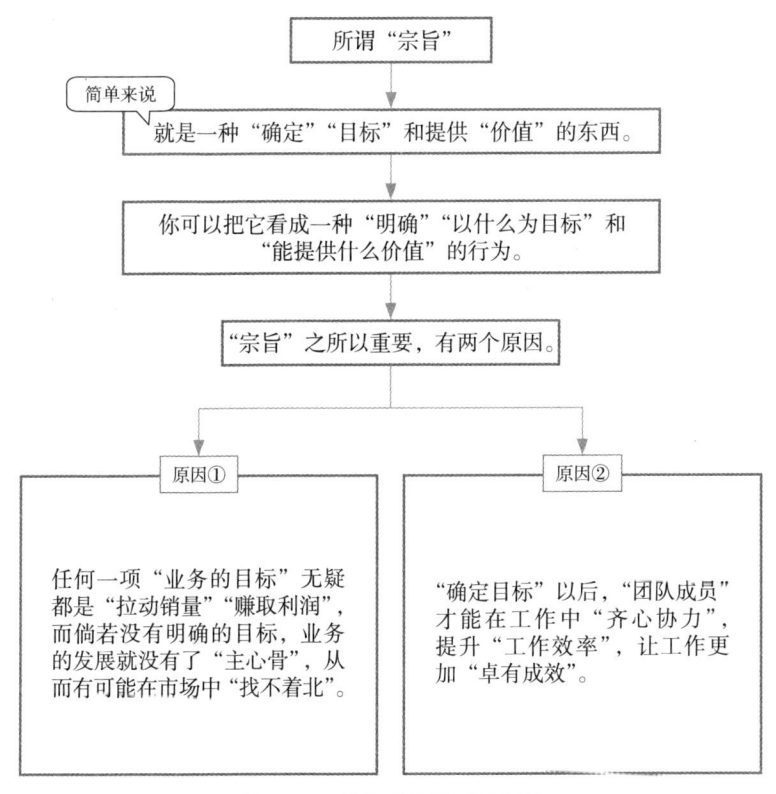

图 2-27 转换后的排列组合图

061

一生受用的"结构化思考"

练习 2 优化示范图

把两个原因中过长的前提条件移出框格，变为对白框，仅把想要突出说明的原因的字体放大加粗，再简化每个框格里的内容，从而进一步强调了原因（见图 2-28）。

```
                    ┌──────────┐
                    │ 所谓宗旨 │
                    └────┬─────┘
    ┌────────┐           │
    │简单来说│──┐        │
    └────────┘  │  ┌─────┴─────────────┐
                └─▶│确定目标和提供价值的东西│
                   └─────────┬─────────┘
                             │
                  ┌──────────┴──────────┐
                  │可以看成一种明确以什么为目标和能提│
                  │    供什么价值的行为    │
                  └──────────┬──────────┘
                             │
                  ┌──────────┴──────────┐
                  │ 宗旨之所以重要的两个原因 │
                  └──────┬───────┬──────┘
                         │       │
┌──────────┐             │       │         ┌──────────┐
│任何一项业务│             │       │         │确定目标以后│
│的目标无疑都│             │       │         └─────┬────┘
│是拉动销量、│─┐  ┌───┴──┐  ┌───┴──┐           │
│ 赚取利润 │ └─▶│原因①│  │原因②│◀──────────┘
└──────────┘    └───┬──┘  └───┬──┘
                    │         │
          ┌─────────┴──┐  ┌───┴────────┐
          │倘若没有明确的目│  │团队成员都能够在工│
          │标，业务的发展就没│  │作中齐心协力，提升│
          │有了主心骨，有可能│  │工作效率，让工作更│
          │在市场中找不着北 │  │ 加卓有成效 │
          └────────────┘  └────────────┘
```

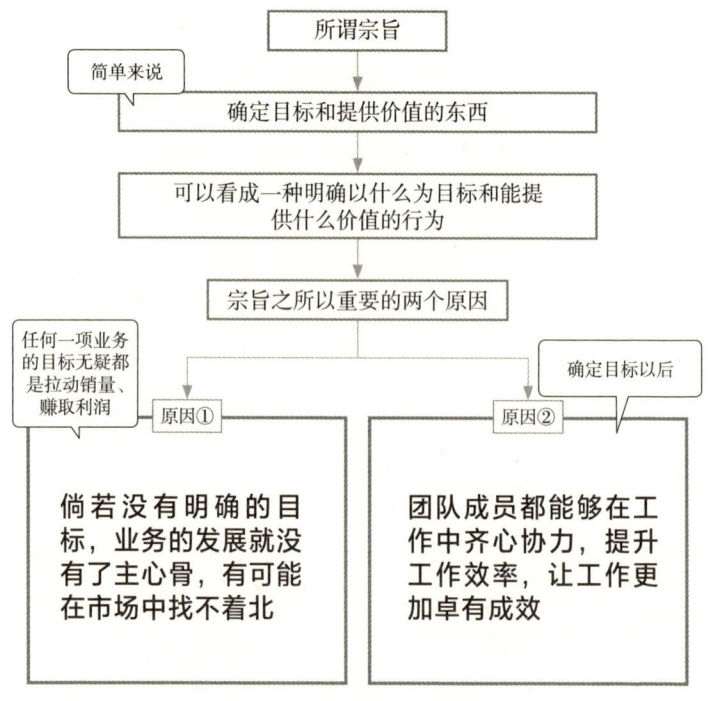

图 2-28 简化后的排列组合图

你制作的图表是什么样子？

练习3：商业模型

"商业模型"这个词虽然尽人皆知，其定义却含混不清。当你在网上搜索"商业模型"时，会发现形形色色的人给出了五花八门的定义。

如果提取这些定义的共同之处，你会得到这样一句话：所谓商业模型，是一个能够创造利润的商业体系。由于之前的那些定义过于含糊，因此记住这句话就足够了。

以下为分析商业模型的4个阶段。

- 了解价值链。
- 明确公司的赛道。
- 考虑与外部伙伴建立合作机制。
- 考量收益机制。

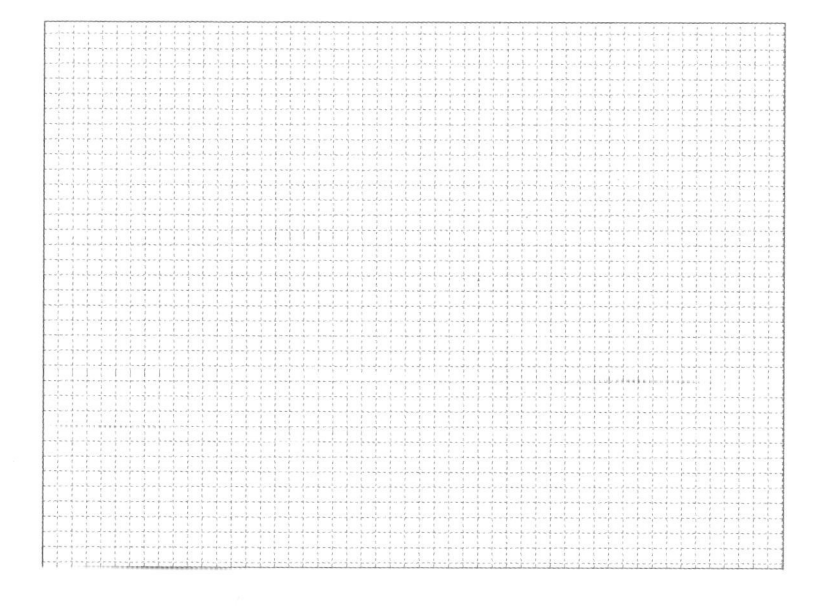

练习 3 示范图

练习 3 的例文基本可以原封不动地转换为如图 2-29 所示的排列组合图。转换后，文章内容一目了然。

```
┌─────────────────────────────────────────┐
│ "商业模型"这个词虽然尽人皆知，但其"定义"  │
│         却是"含混不清"。                 │
└─────────────────────────────────────────┘
                    ↓
┌─────────────────────────────────────────┐
│ 当你在"网上"搜索"商业模型"时，会发现形形色色的│
│      "人们"给出了五花八门的"定义"。      │
└─────────────────────────────────────────┘
                    ↓
┌─────────────────────────────────────────┐
│ 如果提取这些定义的"共同"之处，就能得到这样"一句话"：所│
│ 谓"商业模型"，是一个能够创造"利润"的"商业体系"。│
└─────────────────────────────────────────┘
                    ↓
┌─────────────────────────────────────────┐
│ 由于之前那些"定义"过于"含糊"，眼下记住这│
│         句话就足够了。                   │
└─────────────────────────────────────────┘
                    ↓
┌─────────────────────────┐
│   分析商业模型的 4 个阶段  │
└─────────────────────────┘
      ┌────┬────┼────┬────┐
   阶段①  阶段②  阶段③   阶段④
  ┌─────┐┌─────┐┌─────┐┌─────┐
  │了解  ││"明确"││考虑与 ││考量  │
  │"价值 ││"公司"││"外部 ││"收益 │
  │链"   ││的"赛 ││伙伴"建││机制" │
  │      ││道"   ││立"合作││      │
  │      ││      ││机制"  ││      │
  └─────┘└─────┘└─────┘└─────┘
```

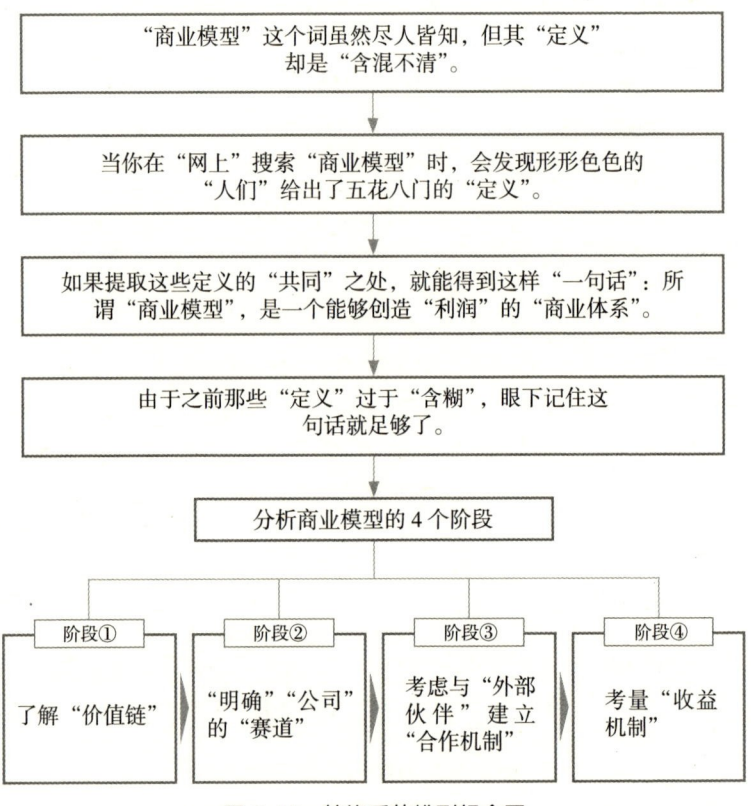

图 2-29　转换后的排列组合图

第 2 章
结构化文字训练，助你思考时间减半

练习 3 优化示范图

图 2-29 中，从上至下的第三个框格包含了定义的内容，因此可以将其转换为明确定义图；第四个框格是多余的说明可删除（见图 2-30）。

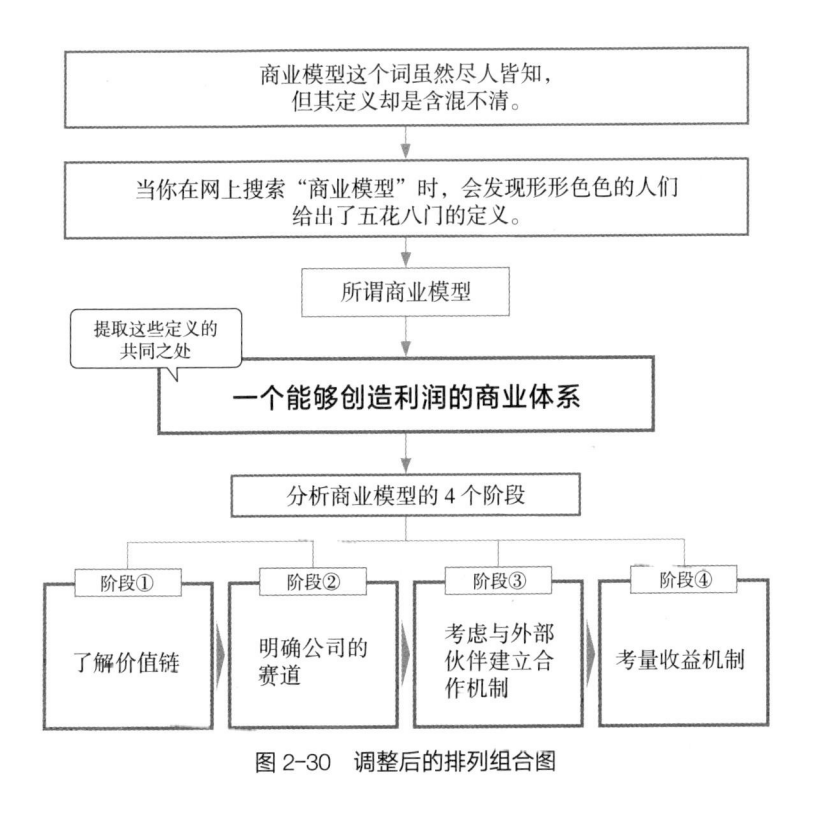

图 2-30 调整后的排列组合图

你制作的图表是什么样子？

第 3 章

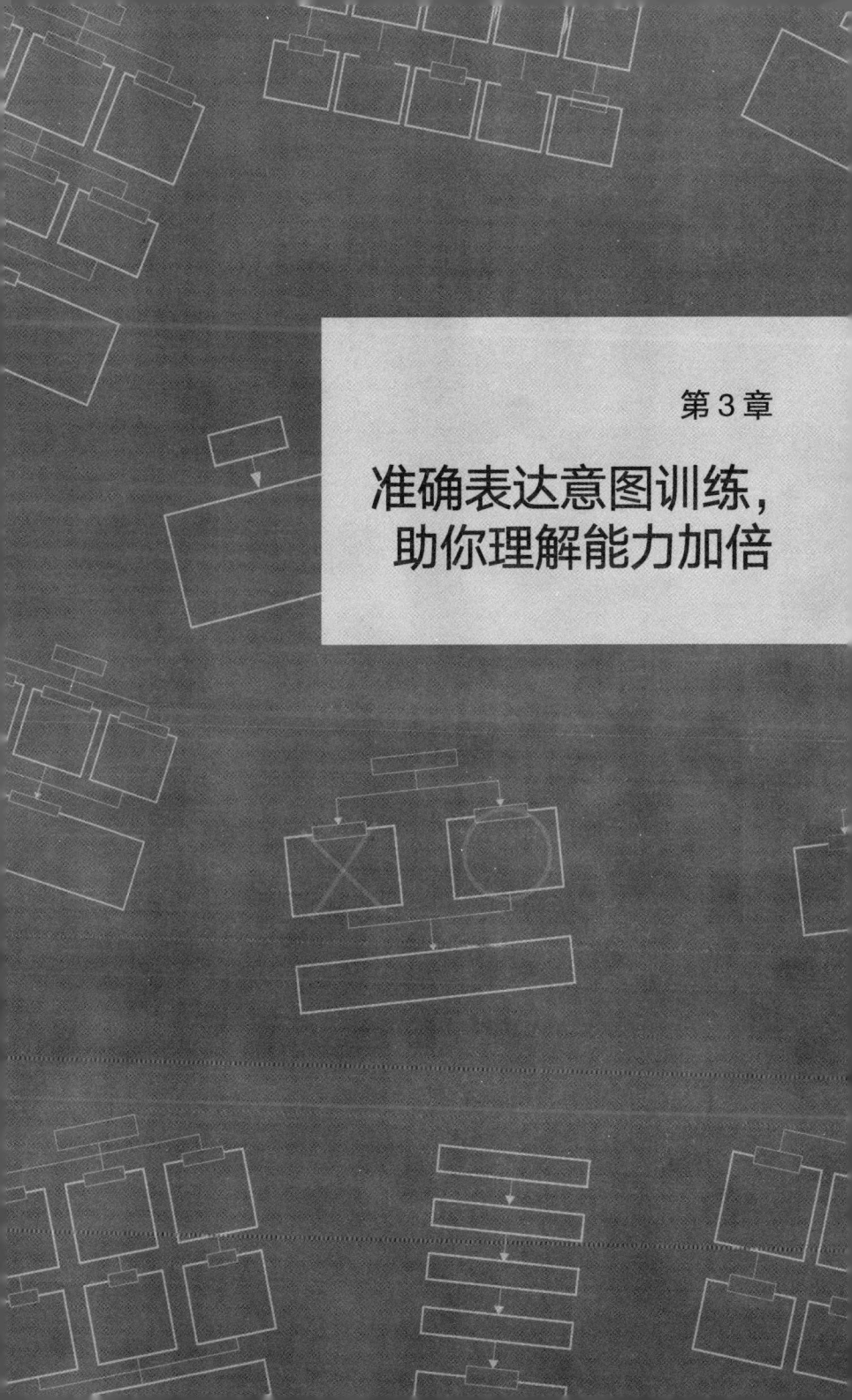

准确表达意图训练，助你理解能力加倍

第 3 章
准确表达意图训练，助你理解能力加倍

在第 2 章中，我们通过概括文章进行了结构化思考的训练，而在本章，我们将运用七图法，练习如何将你头脑中的想法可视化，即形成结构化思考，以准确表达意图。训练时，需要通过以下 3 个步骤来制作图表，其中步骤 3 是重中之重。做好了这一步，就等于顺利完成了图表的制作。

- 步骤 1：把字体调整为宋体。
- 步骤 2：按照"一框一句"的原则填写句子框格图。
- 步骤 3：分析框格之间的联系。

准确表达意图也需要经历以下 3 个步骤。首先要明确目的，然后根据目的选择合适的图表。

- 步骤 1：思考表达的目的。
- 步骤 2：斟酌正确的图表。
- 步骤 3：完成句子框格图，再转换为其他几类图表。

069

一生受用的"结构化思考"

接下来在本章的学习过程中，需要你针对各种各样的目的运用七图法，开始结构化思考的训练。我们要从明确定义图开始讲解各类图表的作用（见图3-1）。然后，运用各类图表进行准确表达意图的训练。

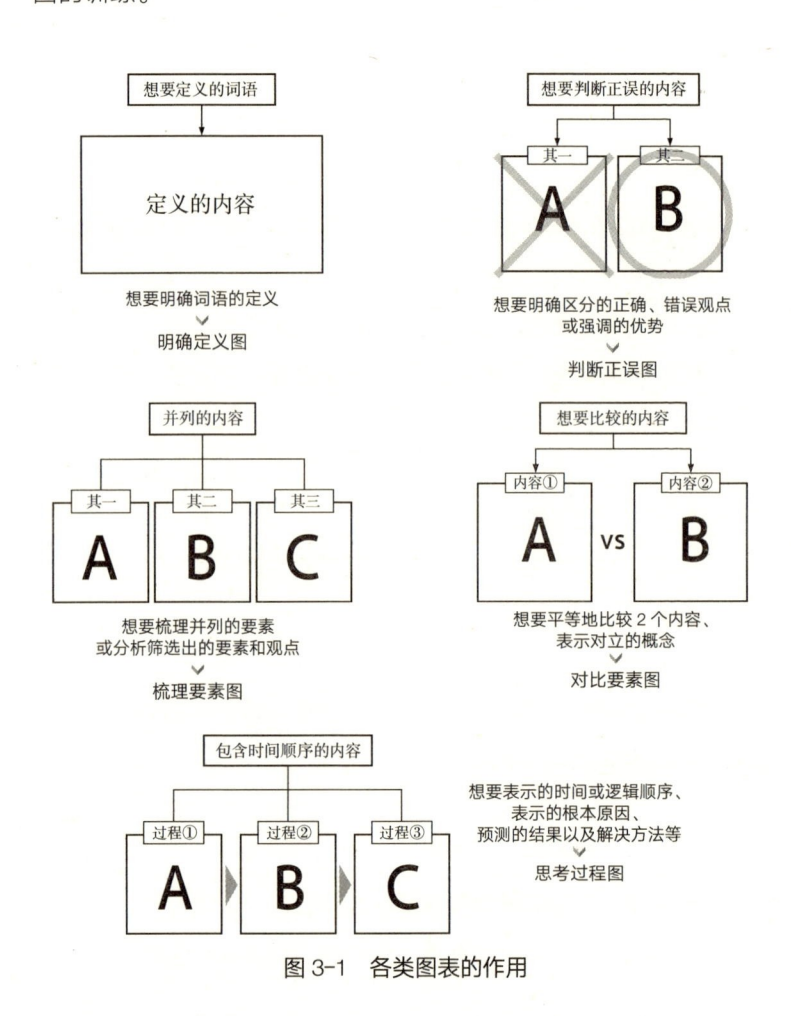

图3-1　各类图表的作用

第 3 章
准确表达意图训练，助你理解能力加倍

前文我们已用大量的篇幅完成了"准确表达意图"的步骤 1 和步骤 2，之后将进一步运用三步走的形式介绍步骤 3。

这些练习题没有固定答案，给出的范例仅供参考。希望你能够带着"怎样才能表达自己的意图""怎样才能表达得更加准确"等问题去分析范例。

下面，让我们在掌握前文图表制作知识的基础上，继续投入结构化思考的实践中。

训练 1：准确表达词语的定义

» 目的
统一人们对"品牌塑造"一词的认识。

» 思考
所谓品牌建设，一言以蔽之，就是打造产品和服务的特质。

步骤 1：将思考转换为句子框格图

写下脑海中出现的语句，然后转换为句子框格图。如果是在电脑上打字，字体一定要选为宋体（见图 3-2）。

> 所谓"品牌建设",一言以蔽之,就是打造
> "产品和服务"的"特质"。

图 3-2　转换为句子框格图

步骤 2：将句子框格图转换为明确定义图

把想要明确定义的"词语"和"定义的内容"分别填入明确定义图对应的框格内（见图 3-3）。

> 所谓"品牌建设"
> ↓
> 一言以蔽之,就是打造
> "产品和服务"的"特质"。

图 3-3　转换为明确定义图

这样就完成了。不过,如果你对图表有更高的要求或是有自己的表达习惯,那么可以进一步思考怎样简化语言表达。

步骤 3：简化框格内的语言表达

删除框内多余的成分,使明确定义图的表达更加清晰（见图 3-4）。

第 3 章
准确表达意图训练，助你理解能力加倍

[所谓品牌建设]
这句多余，可以删除
~~言以蔽之，~~就是打造产品和服务的特质。

[所谓品牌建设]
完美！
打造产品和服务的特质。

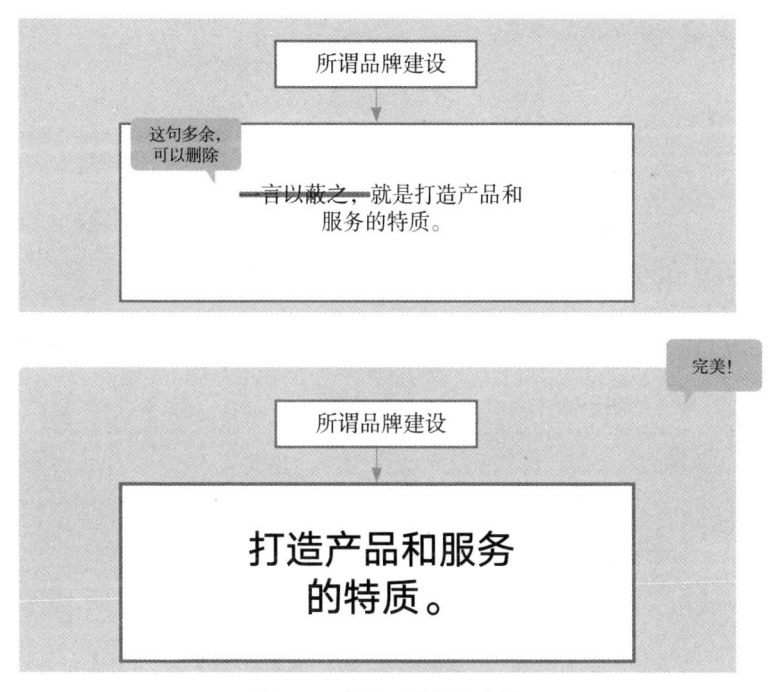

图 3-4 简化后的语言表达

训练 2：强调某些优势

» 目的
阐述节食比运动更有利于减肥。

» 思考
假设你想要在减肥期间减掉 350 千卡的热量。更有效的方法是自我节制，少吃一碗乌冬面，而不是花 2 个小时步行 8 公里。节食，

073

才是每天要坚持的事情。

步骤1：将思考转换为句子框格图

写下脑海中出现的语句，然后将其转换为句子框格图（见图3-5）。有时候在转换完成以后，随即就能发现句中多余的内容。

```
┌─────────────────────────────────────────────┐
│ 假设你想要在"减肥期间"减掉"350千卡"的热量。    │
└─────────────────────────────────────────────┘
                    ↓
┌─────────────────────────────────────────────┐
│ 更"有效"的方法是自我节制，"少吃"1碗"乌       │
│ 冬面"，而不是花"2个小时""步行""8公里"。      │
└─────────────────────────────────────────────┘
                    ↓
┌─────────────────────────────────────────────┐
│ ~~节食，才是每天要坚持的事情。~~              │
└─────────────────────────────────────────────┘
```
这句多余，可以删除。

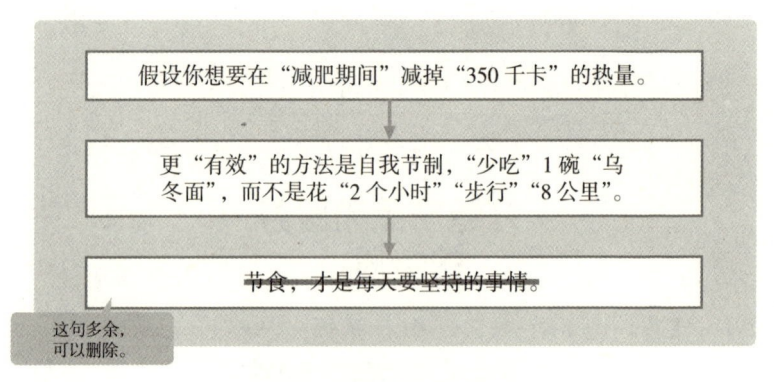

图3-5　转换为句子框格图

步骤2：将句子框格图转换为判断正误图

将内容划分为"主题""错误观点""正确观点"，并删除多余的部分，分别填入判断正误图对应的框格内（见图3-6）。

干脆利落地删除多余部分，可以让重点内容更加突出。不过,有些看似多余的语句在转换为对白框之后,也会让表达更加清楚。

制作图表时一定要时刻把握"让人一目了然"的原则。

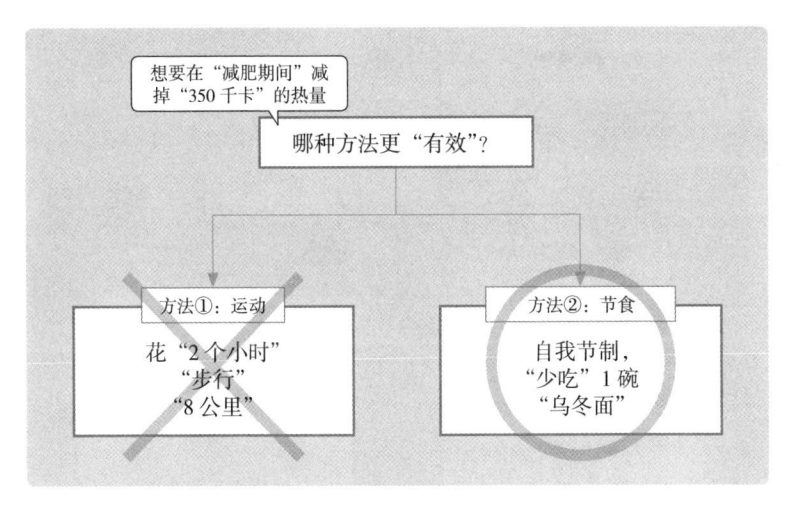

```
                想要在"减肥期间"减
                掉"350千卡"的热量
                        │
                哪种方法更"有效"?
                    ┌───┴───┐
                    ▼       ▼
              方法①:运动   方法②:节食
              ┌────────┐   ┌────────┐
              │花"2个小时"│   │自我节制,│
              │ "步行"  │   │"少吃"1碗│
              │ "8公里" │   │"乌冬面" │
              └────────┘   └────────┘
                 ✗            ○
```

图 3-6　转换为判断正误图

步骤 3:简化框格内的语言表达

删掉语意重复的内容,让表达更简练一点,就能得到一张更为清晰的判断正误图(见图 3-7)。

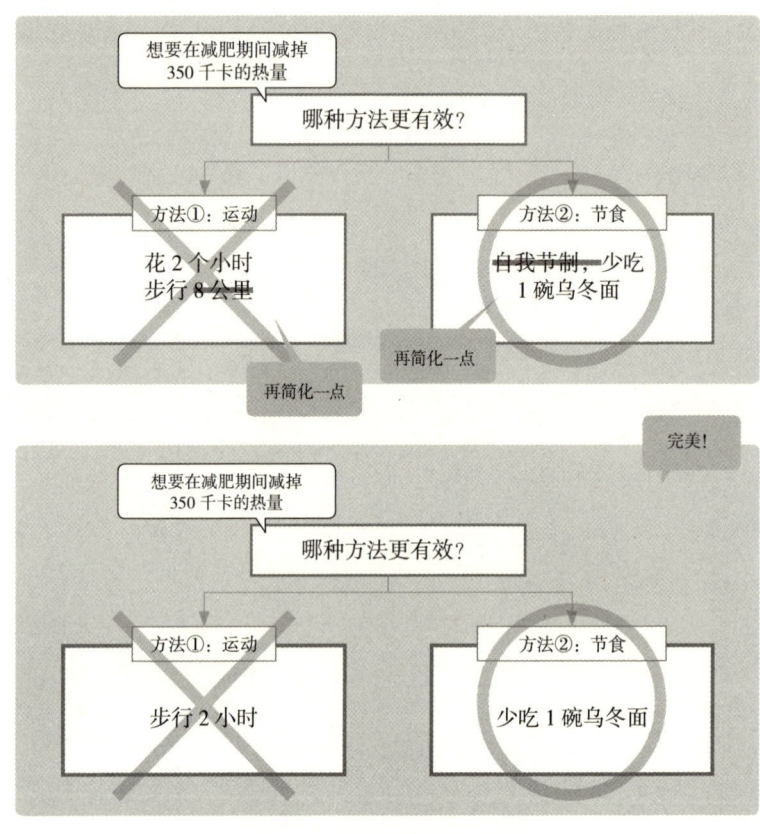

图 3-7　简化后的语言表达

训练 3：整理事项要素

» 目的

清楚地表达自己喜欢看电影的几个原因。

第 3 章
准确表达意图训练，助你理解能力加倍

>> **思考**

如果让我静下心来想一想自己为什么喜欢看电影，我能想到好几个原因。首先，为影片情节而感动落泪可以让人释放情绪。其次，从剧本里能够得到商业灵感和对人性的感悟。此外，电影还能让人在愉悦的观影过程中了解各行各业不为人知的一面。

步骤 1：将思考转换为句子框格图

写下脑海中出现的语句，然后填入句子框格图（见图 3-8）。

```
                如果让我静下心来想一想自己为什么喜欢"看电影"，
                         我能想到好几个"原因"。
                                                         这里有 4 个
                                                         原因
  首先            为影片情节而感动落泪可以让人释放"情绪"。
                                                         找到第一个
                                                         要素
  其次            从"剧本"里能够得到"商业灵感"和
                        对"人性"的感悟。
                                                         找到第二个
                                                         要素
  此外            电影还能让人在愉悦的观影过程中了解
                     "各行各业不为人知的一面"。
                                                         找到第三个
                                                         要素
         找到第四个
         要素
```

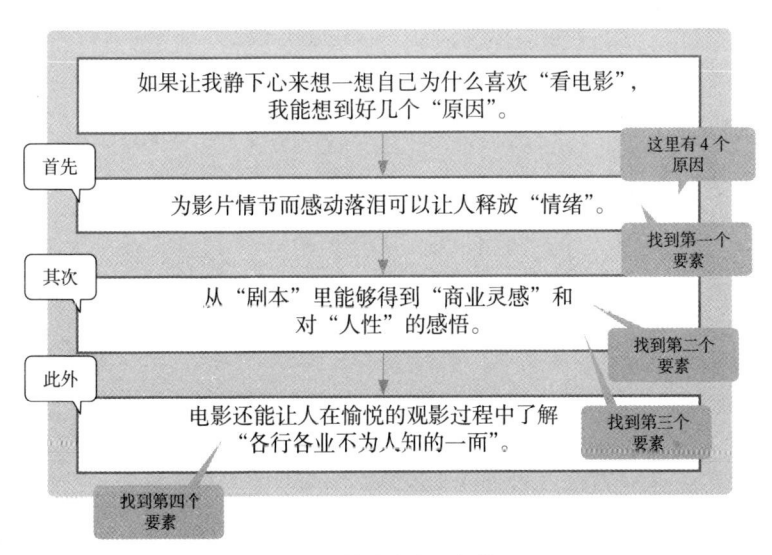

图 3-8　转换为句子框格图

077

与其他图表一样,在这一步的归纳整理中,可以删除看上去多余的内容,也可以采用对白框,让图表更容易看懂。

步骤2:将句子框格图转换为梳理要素图

将内容划分为"主题"和"要素",分别填入梳理要素图对应的框格内(见图3-9)。

```
                    喜欢看电影的原因
        ┌──────────┬──────────┼──────────┬──────────┐
      原因①      原因②      原因③      原因④
    感动落泪可以  从"剧本"   得到对"人   在愉悦的观
    "释放情绪"  里得到"商   性"的感悟  影过程中了
                业灵感"                解"各行各
                                       业不为人知
                                       的一面"
```

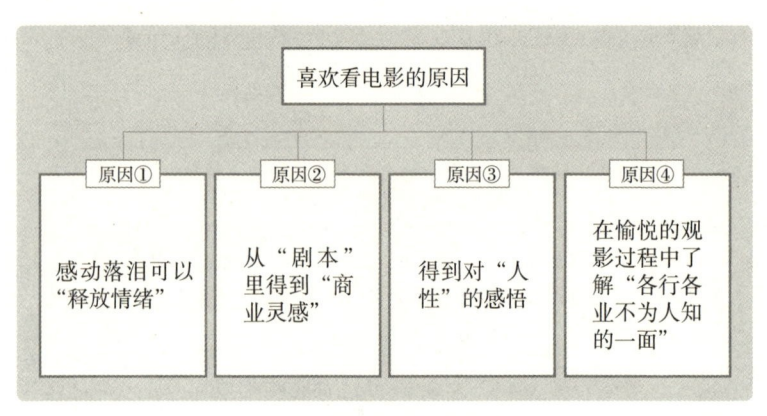

图3-9 转换为梳理要素图

步骤3:简化框格内的语言表达

删掉一些词句会让梳理要素图更简单明了(见图3-10)。

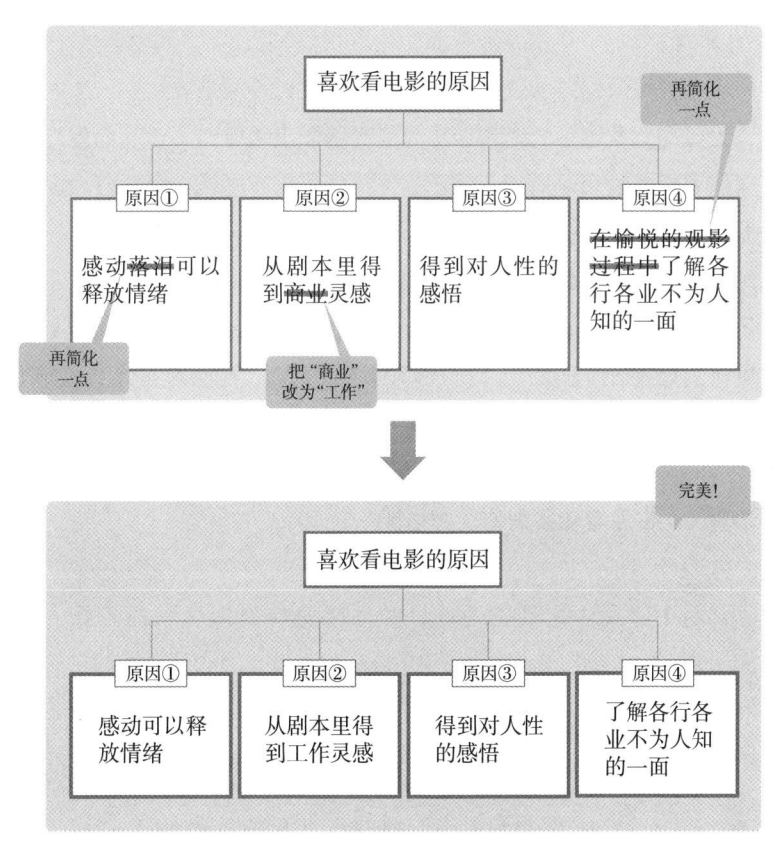

第 3 章
准确表达意图训练，助你理解能力加倍

图 3-10　简化后的语言表达

训练 4：对比两个要素

>> **目的**

比较居家办公和公司办公的不同之处。

>> **思考**

居家办公和公司办公这两种工作方式有什么不同之处？

毫无疑问，居家办公的优点是无需在通勤上浪费时间，从而提高工作效率；而且可以更加专注于工作，免受外界干扰。公司办公则能使同事之间的沟通更为顺畅，通过面对面的交流节省做决策的时间。但是二者都有不足之处，居家办公可能使人缺乏运动，也不利于情绪调节，还会弱化同事之间的沟通交流；公司办公不便于家庭事务的处理，如看孩子、陪护病人等，在通勤上也会浪费大量时间，从公司的立场出发，会增加更多的办公成本。

步骤1：将思考转换为句子框格图

写下脑海中出现的语句，然后将其转换为句子框格图（见图3-11）。

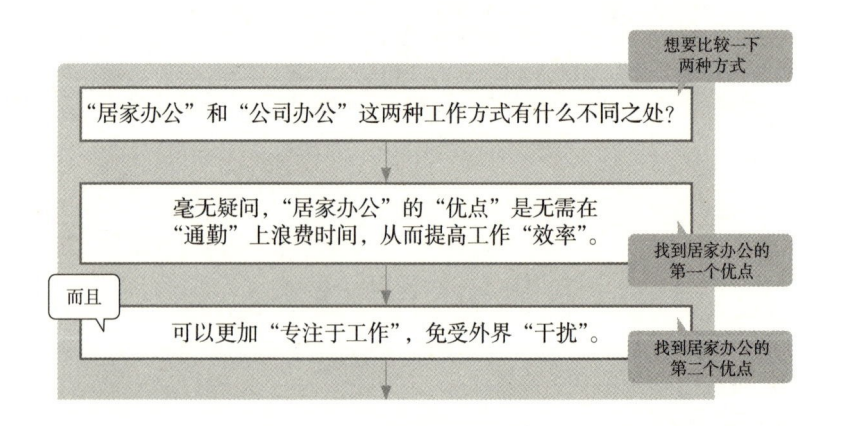

```
                                          ┌想要比较一下
                                          │两种方式
┌─────────────────────────────────────┐
│"居家办公"和"公司办公"这两种工作方式有什么不同之处？│
└─────────────────────────────────────┘
     │
     ▼
┌─────────────────────────────────────┐
│毫无疑问，"居家办公"的"优点"是无需在      │
│"通勤"上浪费时间，从而提高工作"效率"。    │   ┌找到居家办公的
└─────────────────────────────────────┘   │第一个优点
     │
┌而且│
     ▼
┌─────────────────────────────────────┐
│可以更加"专注于工作"，免受外界"干扰"。    │   ┌找到居家办公的
└─────────────────────────────────────┘   │第二个优点
```

第3章
准确表达意图训练,助你理解能力加倍

```
┌─────────────────────────────────────────┐
│ "公司办公"则能使"同事之间"的"沟通"更为顺畅, │ → 找到公司办公的
│ 通过"面对面的交流"节省做"决策"的时间。      │   两个优点
└─────────────────────────────────────────┘
但是
┌─────────────────────────────────────────┐
│ "居家办公"可能导致人"缺乏运动",也不利于     │ → 找到居家办公的
│           "情绪调节"。                   │   两个缺点
└─────────────────────────────────────────┘
而且
┌─────────────────────────────────────────┐
│      弱化"同事之间"的"沟通交流"。          │ → 找到居家办公的
│                                         │   第三个缺点
└─────────────────────────────────────────┘
┌─────────────────────────────────────────┐
│ "公司办公"不便于"家庭事务的处理",如看孩    │ → 公司办公的
│        子、陪护病人等。                   │   第一个缺点
└─────────────────────────────────────────┘
┌─────────────────────────────────────────┐
│     在"通勤"上也会"浪费大量时间"。         │ → 公司办公的
│                                         │   第二个缺点
└─────────────────────────────────────────┘
┌─────────────────────────────────────────┐
│ 从"公司的立场"出发,会增加更多的"办公成本"。 │ → 公司办公的
│                                         │   第三个缺点
└─────────────────────────────────────────┘
```

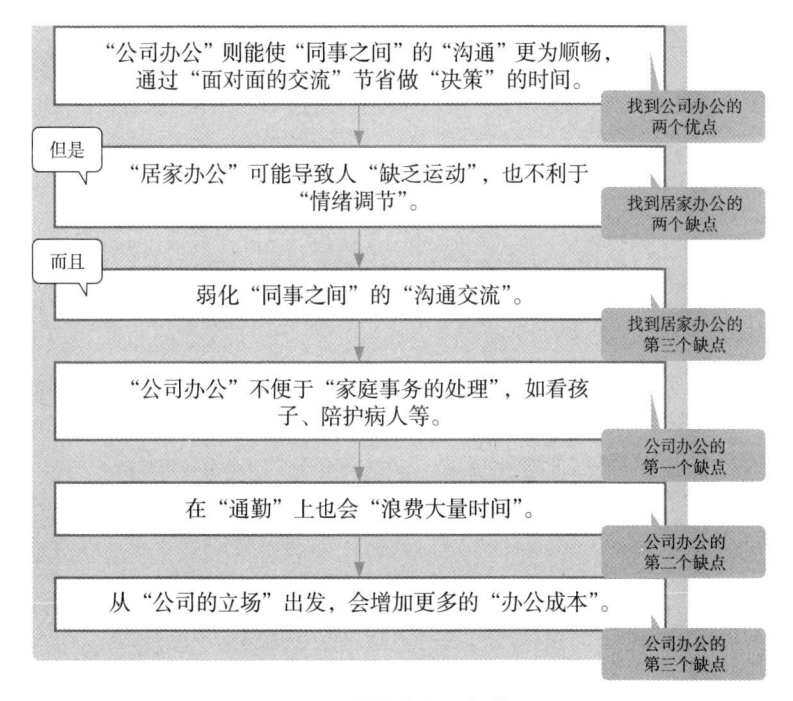

图 3-11 转换为句子框格图

步骤 2:将句子框格图转换为对比要素图

将内容划分为"主题"和"需要比较的两个内容",分别填入对比要素图对应的框格内(见图 3-12)。

```
                    ┌─────────────┐
                    │ 两种"工作方式" │
                    └──────┬──────┘
              ┌────────────┴────────────┐
        ┌─────┴─────┐             ┌─────┴─────┐
        │  工作方式① │             │  工作方式② │
        │ "居家办公" │     VS      │ "公司办公" │
        └─────┬─────┘             └─────┬─────┘
              │                         │
```

┌─────────────────────────┐   ┌─────────────────────────┐
│ 优点   │   │ 优点   │
│ • 无需在"通勤"上浪费时   │   │ • "同事之间"的"沟通"更   │
│   间，提高工作效率   │   │   为顺畅   │
│ • 更加"专注于工作"，免受 │   │ • 节省做"决策"的时间   │
│   外界"干扰"   │   │   │
│ 缺点   │   │ 缺点   │
│ • "可能"导致人"缺乏运动" │   │ • 不便于家庭事务的处理   │
│ • 不利于"情绪调节"   │   │   （看孩子、陪护病人）   │
│ • 弱化"同事之间"的"沟   │   │ • "浪费""通勤时间"   │
│   通交流"   │   │ • "办公成本"更高   │
└─────────────────────────┘   └─────────────────────────┘

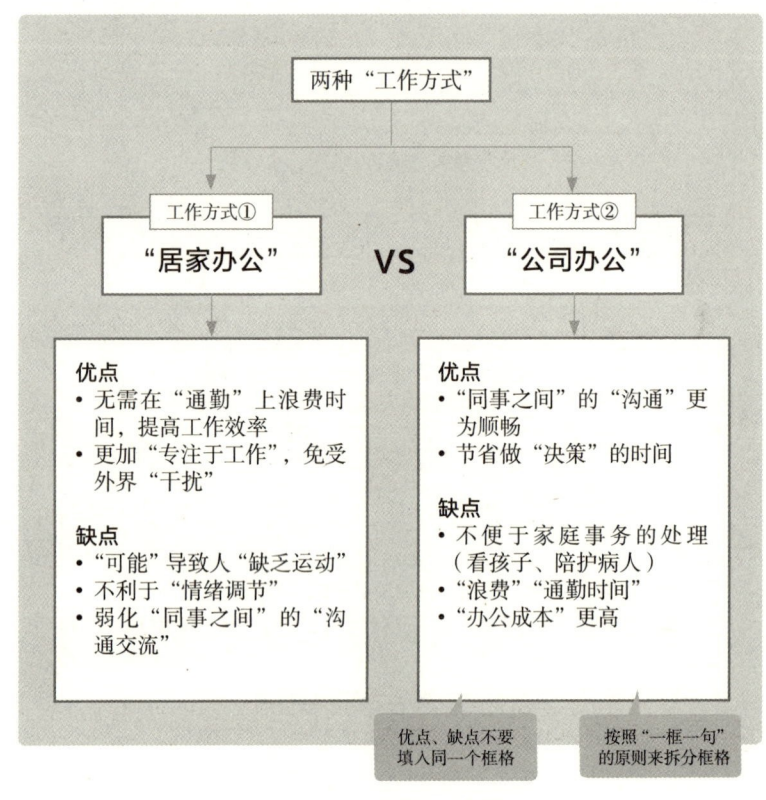

　　　　　　　　　　　　　优点、缺点不要　　　　按照"一框一句"
　　　　　　　　　　　　　填入同一个框格　　　　的原则来拆分框格

图 3-12　转换为对比要素图

步骤 3：简化框格内的语言表达

如果框格内的语句复杂、不清晰就简化它（见图 3-13）。

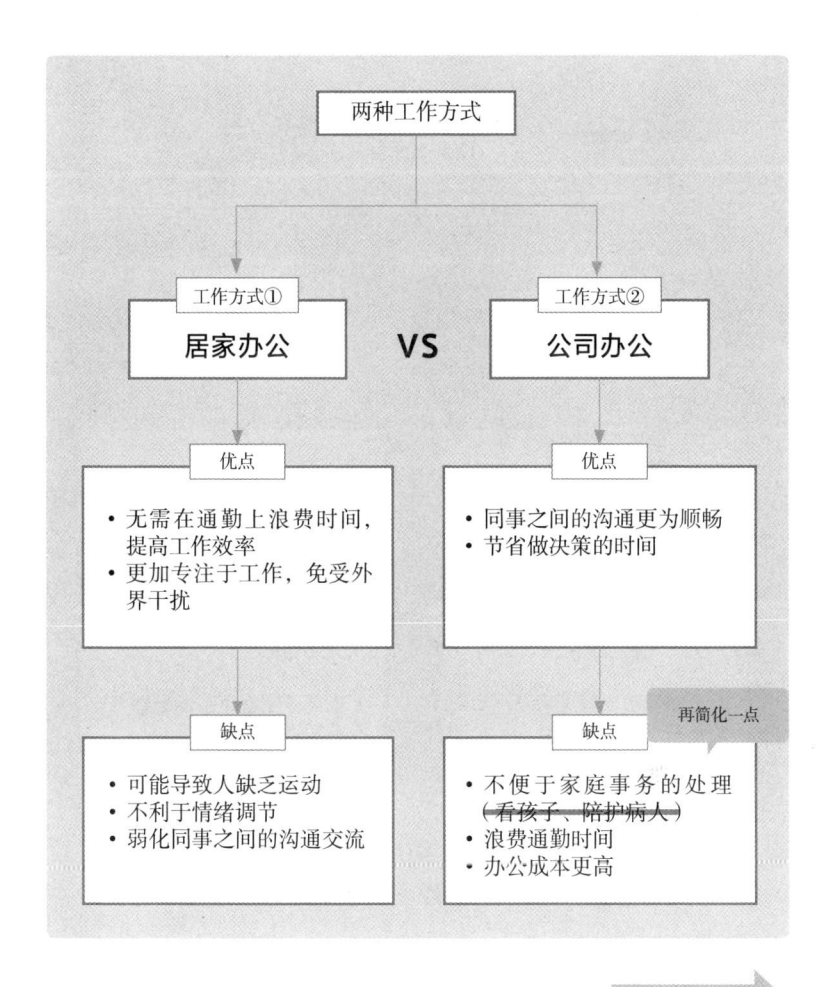

第 3 章
准确表达意图训练，助你理解能力加倍

```
                        ┌──────────────┐
                        │  两种工作方式  │
                        └──────┬───────┘
              ┌────────────────┴────────────────┐
              ▼                                 ▼
       ┌───────────┐                     ┌───────────┐
       │  工作方式① │                     │  工作方式② │
       └───────────┘                     └───────────┘
         居家办公        VS                 公司办公
              │                                 │
         ┌────▼────┐                       ┌────▼────┐
         │   优点   │                       │   优点   │
         └─────────┘                       └─────────┘
```

居家办公 优点：
- 无需在通勤上浪费时间，提高工作效率
- 更加专注于工作，免受外界干扰

公司办公 优点：
- 同事之间的沟通更为顺畅
- 节省做决策的时间

居家办公 缺点：
- 可能导致人缺乏运动
- 不利于情绪调节
- 弱化同事之间的沟通交流

公司办公 缺点：
- 不便于家庭事务的处理（~~看孩子、陪护病人~~）
- 浪费通勤时间
- 办公成本更高

〔再简化一点〕

→ 再次优化图表

(a)

083

一生受用的"结构化思考"

```
         ┌─────────────┐
         │  两种工作方式  │
         └──────┬──────┘
        ┌──────┴──────┐
    工作方式①         工作方式②
   ┌────────┐        ┌────────┐
   │ 居家办公 │  VS   │ 公司办公 │
   └───┬────┘        └───┬────┘
     ┌─┴─┐             ┌─┴─┐
     │优点│             │优点│
     └───┘             └───┘
  • 无需在通勤上浪费时间，   • 同事之间的沟通更为顺畅
    提高工作效率          • 节省做决策的时间
  • 更加专注于工作，免受外
    界干扰

     ┌─┴─┐             ┌─┴─┐
     │缺点│             │缺点│
     └───┘             └───┘
  • 可能导致人缺乏运动      • 不便于家庭事务的处理
  • 不利于情绪调节         • 浪费通勤时间
  • 弱化同事之间的沟通交流   • 办公成本更高
```

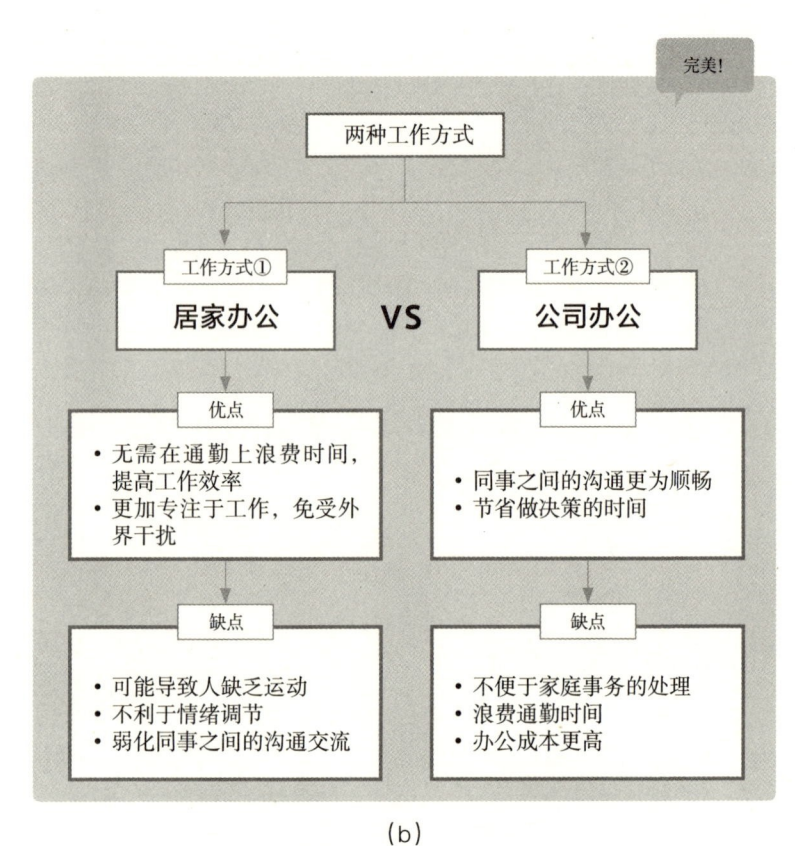

完美!

(b)

图 3-13　简化后的语言表达

训练 5：表达时间或逻辑顺序

》目的

描述电影的主要剧情。

第3章
准确表达意图训练,助你理解能力加倍

》思考

最近我看了一部北欧电影,它的主要剧情是这样的。某心理咨询室的负责人接到一通咨询电话,里面传来一个孩子的妈妈撕心裂肺的哭喊。她搂着被丈夫虐待的孩子,向咨询室寻求帮助,负责人倾听这名妈妈的"求救"后,绞尽脑汁思考解决方法。然而,当负责人数次接听电话之后,他察觉到了这个妈妈的怪异之处。原来真相是:这个女人从丈夫那里抢走了孩子,她才是虐待孩子的恶魔。

步骤1:将思考转换为句子框格图

写下脑海中出现的语句,然后将其转换为句子框格图(见图3-14)。

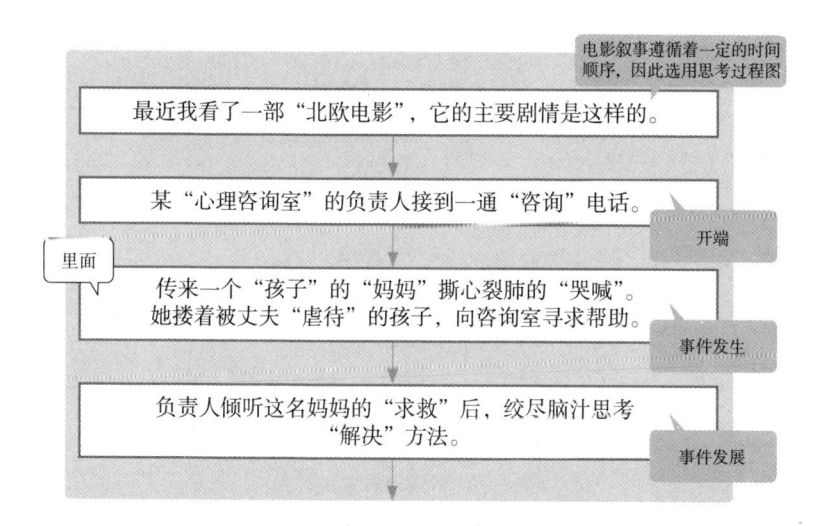

```
┌─────────────────────────────────────┐
│ 最近我看了一部"北欧电影",它的       │   电影叙事遵循着一定的时间
│ 主要剧情是这样的。                   │   顺序,因此选用思考过程图
└─────────────────────────────────────┘
                 ↓
┌─────────────────────────────────────┐
│ 某"心理咨询室"的负责人接到一通       │
│ "咨询"电话。                         │   开端
└─────────────────────────────────────┘
                 ↓
  里面
┌─────────────────────────────────────┐
│ 传来一个"孩子"的"妈妈"撕心裂肺的    │
│ "哭喊"。                             │
│ 她搂着被丈夫"虐待"的孩子,向咨询室   │
│ 寻求帮助。                           │   事件发生
└─────────────────────────────────────┘
                 ↓
┌─────────────────────────────────────┐
│ 负责人倾听这名妈妈的"求救"后,绞尽   │
│ 脑汁思考"解决"方法。                 │   事件发展
└─────────────────────────────────────┘
```

一生受用的"结构化思考"

```
然而 ──→ 当负责人数次"接听""电话"之后,他察觉到了这
         个"妈妈"的"怪异"之处。                    事件的隐情
                                                  逐渐显现

         原来真相是:这个女人从"丈夫"那里抢走了"孩子",
         她才是"虐待"孩子的"恶魔"。                  事件的真相
                                                  水落石出
```

图 3-14 转换为句子框格图

步骤 2:将句子框格图转换为思考过程图

将"主题"和"带有时间或逻辑顺序的内容",分别填入思考过程图对应的框格(见图 3-15)。

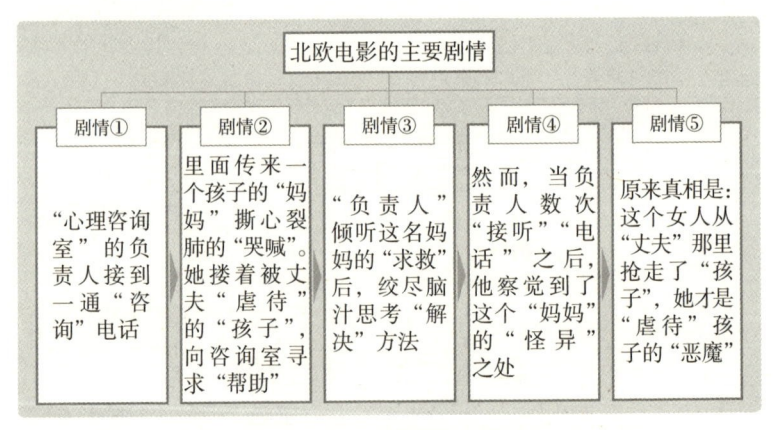

```
                    北欧电影的主要剧情
  ┌──────┬──────┬──────┬──────┬──────┐
  剧情①   剧情②   剧情③   剧情④   剧情⑤

 "心理咨  里面传来  "负责人"  然而,当  原来真相是:
 询室"的  一个孩子  倾听这名  负责人数  这个女人从
 负责人接  的"妈妈"  妈妈的"求  次"接听"  "丈夫"那里
 到一通"咨  撕心裂肺  救"后,绞  "电话"之  抢走了"孩
 询"电话   的"哭喊"。 尽脑汁思  后,他察   子",她才是
          她搂着被丈  考"解决"  觉到这个  "虐待"孩
          夫"虐待"   方法      "妈妈"的  子的"恶魔"
          的"孩子",           "怪异"
          向咨询室寻           之处
          求"帮助"
```

图 3-15 转换为思考过程图

第 3 章
准确表达意图训练，助你理解能力加倍

步骤3：简化框格内的语言表达

简化内容，将重点部分的文字加粗，使这些部分看上去更加突出（见图 3-16）。

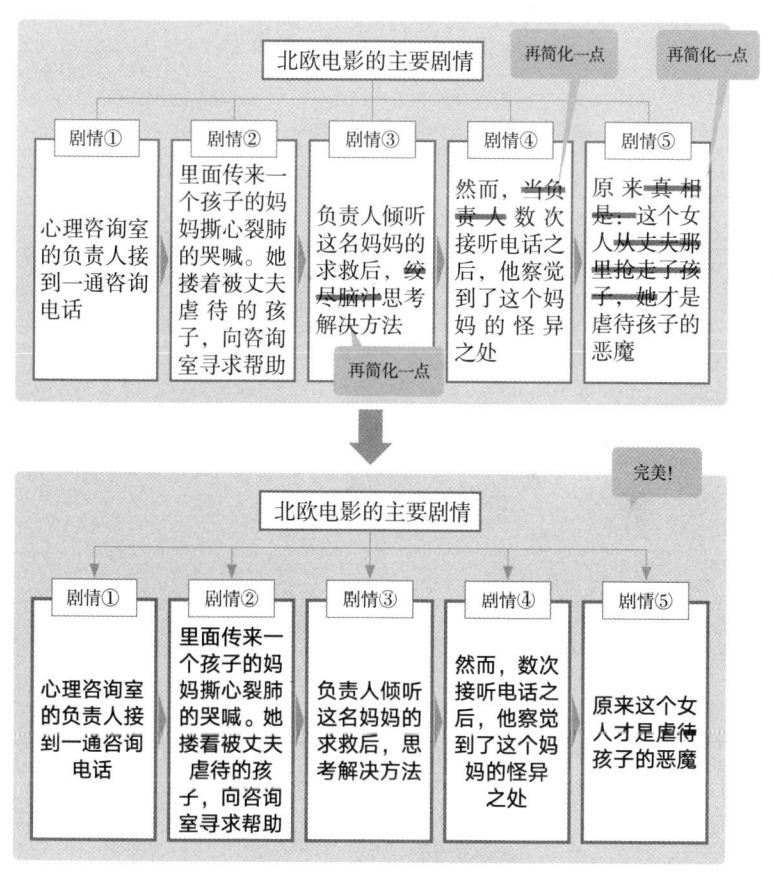

图 3-16　简化后的语言表达

七图法的训练到此结束。因为排列组合图是以上 5 类图表的排列组合，所以这里不再举例。

下一章是实践篇，我将向大家讲解如何打造让对方说 YES 的材料。

第 4 章

掌握结构化思考，
工作效率翻倍

第4章
掌握结构化思考，工作效率翻倍

想要打造让对方认可的材料，需要提前进行战略规划。可是，这种战略规划的难度很大，很多人都手足无措，不知道从哪里下手。

因此，我建议你先把大脑中出现的语句写下来，然后把这些内容转换为图表。

文章的形式在一定程度上足以表达你的所思所想，而在此基础上转换而成的图表，能够让你的思维逻辑结构更加清晰，并从中发现哪种表达思路更能得到对方认可。这样一来，你就可以打造出让对方说 YES 的材料了。

接下来，让我们通过几个范例来学习一下具体的方法。

改进决策流程的提案

步骤1：写出思考的内容

以下文为例，试着把头脑中的想法写下来。

我们公司的决策流程过于烦琐。如果员工有什么想法，首先要从行政文档里找到公司的提案模板。在这个模板上起草提案后，要经直属领导批准。然后是填写正式的请示文件，需要严格遵守自下而上老一套的流程，先在部门会议上汇报，后由董事会表决、社长审批。此外，盖章时也必须使用实体印章。而且如果上级领导或社长经常出差在外，流程就会一拖再拖。这种情况导致公司无法顺应时代的变化。我认为问题在于传统的、自下而上的决策流程。公司的决策流程需要建立授权机制，某些级别的决策权可以下放给中层管理人员。

步骤2：从句子框格图入手，整理思维的逻辑结构

把文章转换为句子框格图之后，重点把握各个框格之间的联系，思考表达的内容和方式（见图4-1）。

第 4 章
掌握结构化思考，工作效率翻倍

```
                                    ┌──────────────────────────┐
   我们公司的"决策流程"过于"烦琐"。  │ 展现目前费时费力的流     │
              │                      │ 程，便于领导发现问题     │
              ↓                      └──────────────────────────┘
   ┌─────────────────────────────────────────┐
   │ 如果员工有什么"想法"，首先要从行政文档里找到 │
   │           公司的"提案模板"。              │
   └─────────────────────────────────────────┘
              │
              ↓
   ┌─────────────────────────────────────────┐
   │ 在这个模板上起草"提案"后，要经直属领导"批准"。│
   └─────────────────────────────────────────┘
              │
    ┌──────┐  ↓
    │ 然后 │  ┌─────────────────────────────────────────┐
    └──────┘  │ 填写正式的"请示文件"，需要严格遵守"自下而上老一套"│
              │      的流程，先在"部门会议"上汇报，然后由"董事会表决"、│
              │              "社长审批"。                │
              └─────────────────────────────────────────┘
              │
    ┌──────┐  ↓
    │ 此外 │  ┌─────────────────────────────────────────┐
    └──────┘  │     "盖章"时也必须使用"实体印章"。       │
              └─────────────────────────────────────────┘
              │                    ┌──────────────────────┐
    ┌──────┐  ↓                    │ 这一部分可以做成     │
    │ 而且 │  ┌───────────────────┐│ 思考过程图           │
    └──────┘  │ 如果"上级领导或社长"经常出差在外，└──────────────────────┘
              │    流程就会一拖再拖。                  │
              └─────────────────────────────────────────┘
              │
              ↓
   ┌─────────────────────────────────────────┐
   │ 这种情况导致公司无法顺应"时代的变化"。  │
   └─────────────────────────────────────────┘
              │
              ↓
            ┌────────┐
            │ 问题在于│
            └────────┘
   ┌─────────────────────────────────────────┐
   │   "传统"的、"自下而上"的"决策流程"。    │
   └─────────────────────────────────────────┘
              │
              ↓
   ┌─────────────────────────────────────────┐
   │ 公司的"决策流程"需要建立"授权机制"，某些级别的│
   │     决策权可以"下放"给"中层管理人员"。   │
   └─────────────────────────────────────────┘
                                    ┌──────────────────────┐
                                    │ 这一部分可以当作     │
                                    │ 思考过程图的结论     │
                                    └──────────────────────┘
```

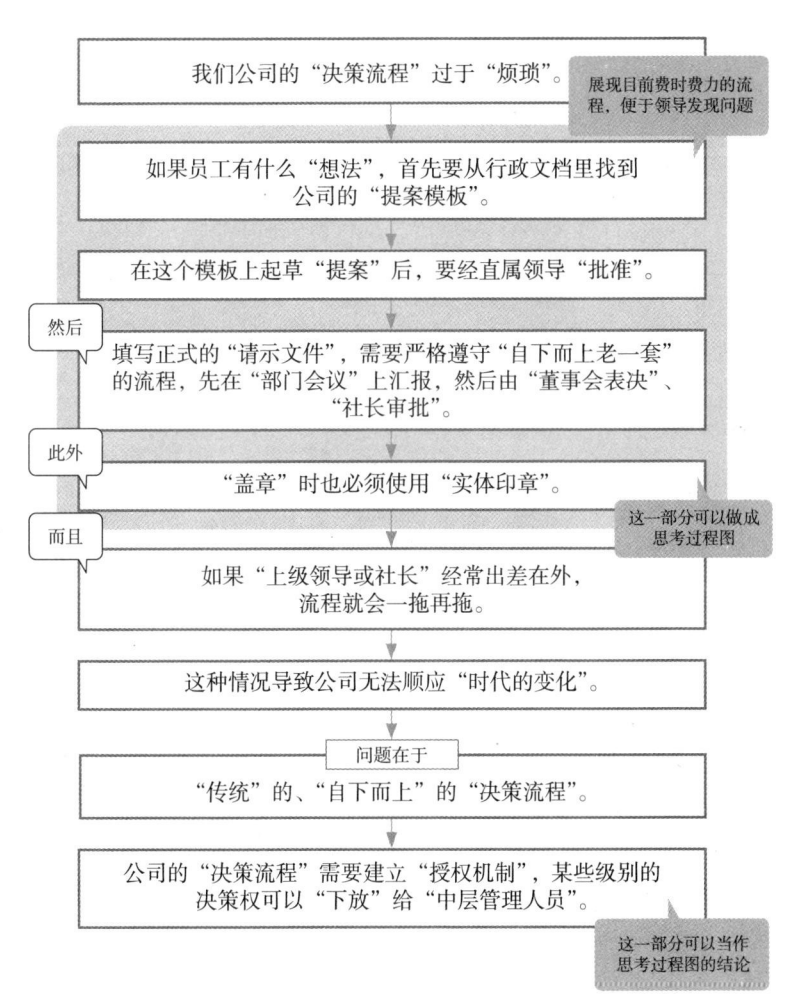

图 4-1　改进决策流程的提案

093

步骤 3：根据需要转换图表

根据要表达的内容及所需的方式转换图表，各类图表之间保留句子框格图的原样即可（见图 4-2）。

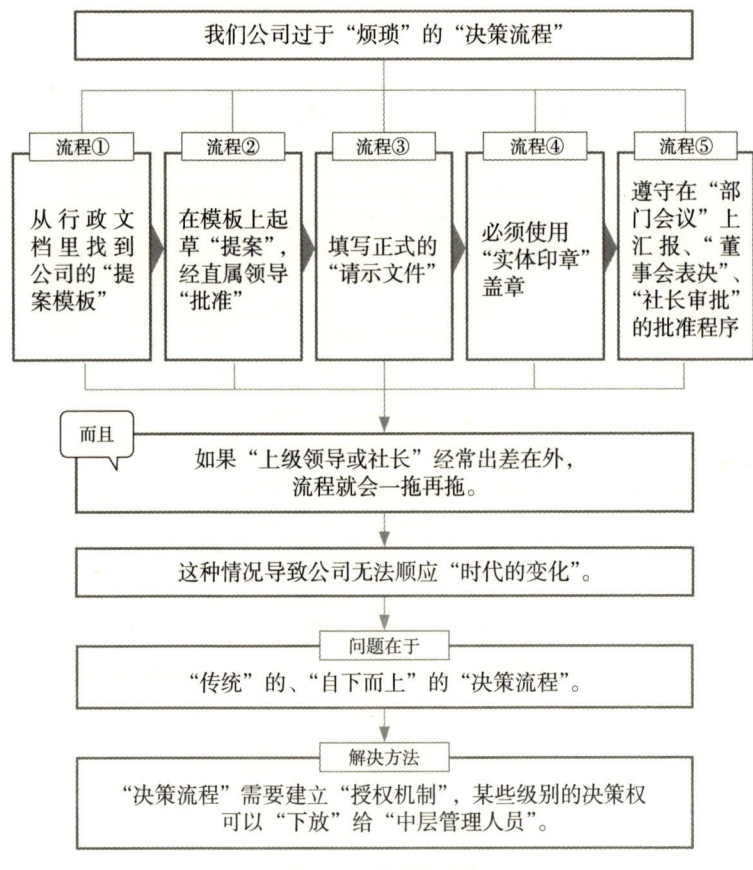

```
                    我们公司过于"烦琐"的"决策流程"
    ┌───────┬───────┬───────┬───────┬───────┐
    │ 流程① │ 流程② │ 流程③ │ 流程④ │ 流程⑤ │
    ├───────┼───────┼───────┼───────┼───────┤
    │从行政文│在模板上│填写正式│必须使用│遵守在"部│
    │档里找到│起草"提 │的"请示 │"实体印 │门会议"上│
    │公司的"提│案"，经直│文件"   │章"盖章 │汇报、"董│
    │案模板" │属领导"批│        │        │事会表决"、│
    │        │准"     │        │        │"社长审批"│
    │        │        │        │        │的批准程序│
    └───────┴───────┴───────┴───────┴───────┘

    【而且】
    如果"上级领导或社长"经常出差在外，
    流程就会一拖再拖。

    这种情况导致公司无法顺应"时代的变化"。

    【问题在于】
    "传统"的、"自下而上"的"决策流程"。

    【解决方法】
    "决策流程"需要建立"授权机制"，某些级别的决策权
    可以"下放"给"中层管理人员"。
```

图 4-2 转换为图表

第 4 章
掌握结构化思考，工作效率翻倍

步骤 4：整体调整

重新审视全图，进行整体调整，删除多余的或不重要的内容，简化表达（见图 4-3）。

```
                    我们公司过于烦琐的决策流程
    ┌──────────┬──────────┬──────────┬──────────┬──────────┐
  流程①      流程②      流程③      流程④      流程⑤
  从行政文档  在模板上   填写正式的  必须使用实  遵守在部门
  里找到公司  起草提案，  请示文件   体印章盖章  会议上汇报、
  的提案模板  经直属领                          董事会表决、
              导批准                            社长审批的
                                                批准程序

  而且
  ┌─ 如果上级领导或社长经常出差在外，流程就会一拖再拖。

  ~~这种情况导致公司无法顺应时代的变化。~~
                                            删除多余部分
  问题在于
  传统的、自下而上的决策流程。

  解决方法
  决策流程需要建立授权机制，某些级别的决策权
  可以下放给中层管理人员。
                                            优化图表 ➡
```

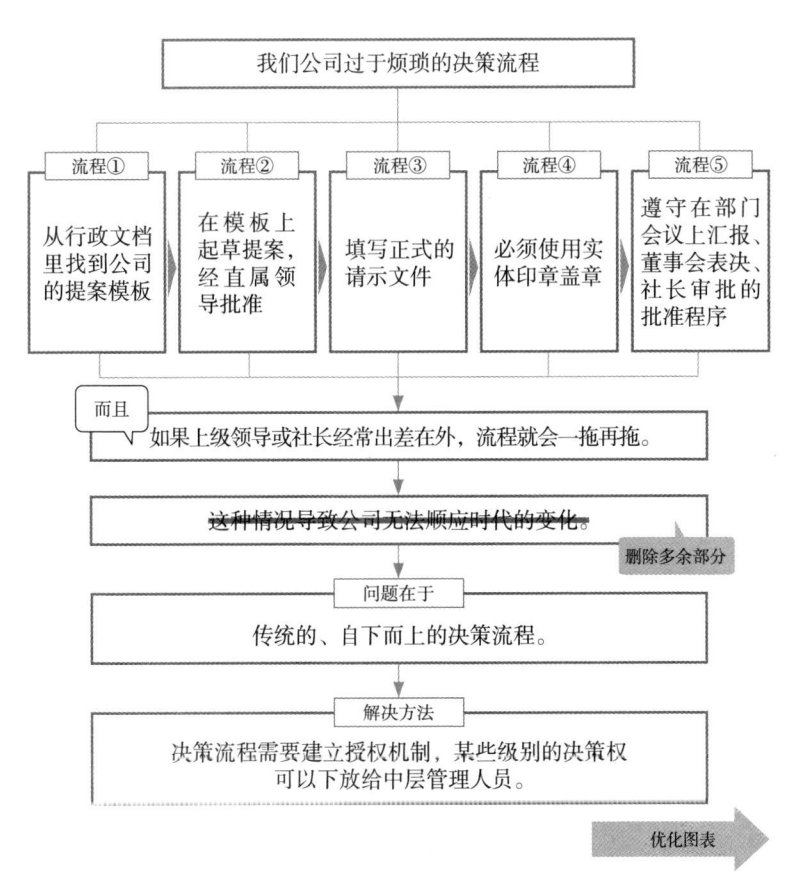

图 4-3 整体调整

095

图 4-4 就是调整完成后的排列组合图。

```
                    我们公司过于烦琐的决策流程
    ┌──────────┬──────────┬──────────┬──────────┐
  流程①       流程②      流程③      流程④      流程⑤
  从行政文档   在模板上    填写正式的  必须使用实  遵守在部门
  里找到公司   起草提案，  请示文件    体印章盖章  会议上汇报、
  的提案模板   经直属领                            董事会表决、
               导批准                              社长审批的
                                                  批准程序
```

而且
如果上级领导或社长经常出差在外，流程就会一拖再拖。

问题在于
传统的、自下而上的决策流程。

解决方法
决策流程需要建立授权机制，某些级别的决策权可以下放给中层管理人员。

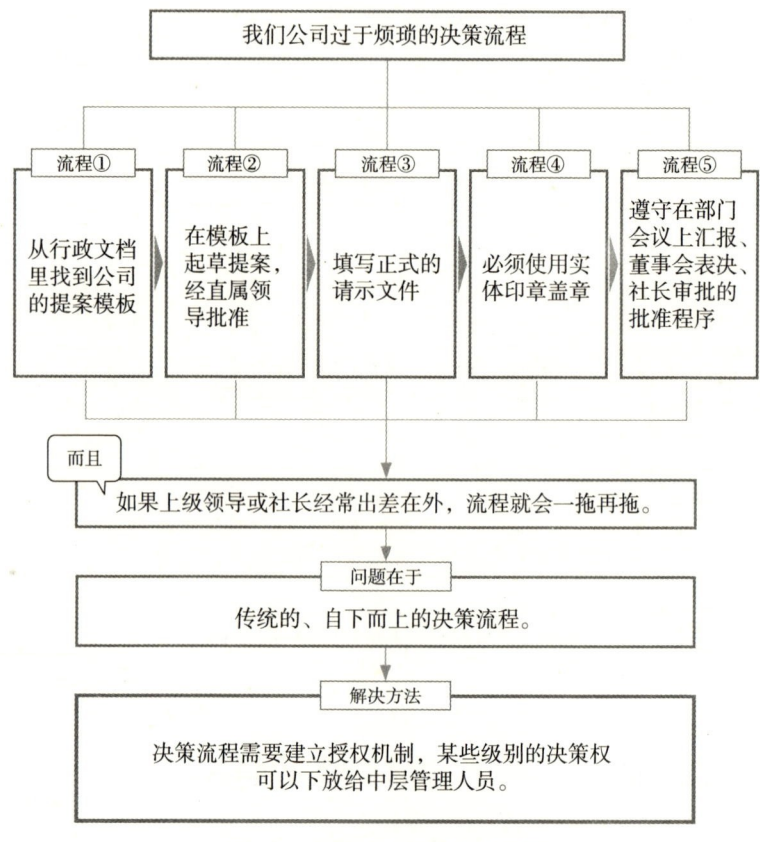

图 4-4　调整完成的排列组合图

还可以根据需要，进一步简化图表的语言表达，这里不再赘述。

第 4 章
掌握结构化思考，工作效率翻倍

增加工间活动的建议书

步骤 1：写出思考的内容

以下文为例，试着把头脑中的想法写下来。

我们在工作中经常会出现走神的情况。要从早到晚在办公桌前都保持注意力集中，原本也近乎无稽之谈。但如果总是瞌睡、发呆，工作效率便会明显下降。这个道理尽人皆知，但现实是日复一日，情况毫无改变。我认为解决这个问题的关键在于员工转换心情和多做运动。建议午餐后设立一个自由活动的时段。大家可以睡个午觉，或是出去看一场电影，也可以去健身房锻炼身体。可以设立这样的制度，每周选择一天让大家中午自由活动。

步骤 2：从句子框格图入手，整理思维的逻辑结构

把文章转换为句子框格图，如图 4-5 所示。

一生受用的"结构化思考"

```
┌─────────────────────────────────────┐
│ 我们在"工作中"经常会出现"走神"的情况。  │
└─────────────────────────────────────┘
                  ↓                              ┌──────────┐
┌─────────────────────────────────────┐          │先表达当前的│
│ 要"从早到晚"在"办公桌前"都"保持注意力 │          │状态      │
│ 集中",原本也近乎"无稽之谈"。        │          └──────────┘
└─────────────────────────────────────┘
                  ↓                              ┌──────────────┐
┌─────────────────────────────────────┐          │这一现象可以转换│
│ 但如果总是"瞌睡"、发呆,"工作效率"    │          │为包含3个要素的│
│ 便会明显下降。                       │          │梳理要素图    │
└─────────────────────────────────────┘          └──────────────┘
                  ↓
┌─────────────────────────────────────┐
│ 这个道理尽人皆知,但现实是"日复一日",情况毫无改变。│
└─────────────────────────────────────┘
                  ↓                              ┌──────────┐
┌─────────────────────────────────────┐          │这句话承上│
│ 我认为解决这个问题的"关键"在于        │          │启下      │
│ 员工"转换心情"和"多做运动"。         │          └──────────┘
└─────────────────────────────────────┘
                  ↓
┌─────────────────────────────────────┐
│ "建议"午餐后可以"设立"一个"自由活动的时段"。│
└─────────────────────────────────────┘
                  ↓                              ┌──────────┐
┌─────────────────────────────────────┐          │解决方法  │
│ 大家可以睡个"午觉",或是出去看一场"电影",│       │在这里    │
│ 也可以"去健身房锻炼身体"。           │          └──────────┘
└─────────────────────────────────────┘
                  ↓                              ┌──────────────┐
┌─────────────────────────────────────┐          │这里可以做成  │
│ 可以设立这样的"制度",每周选择一天让大家中午自由活动。│ │梳理要素图    │
└─────────────────────────────────────┘          └──────────────┘
```

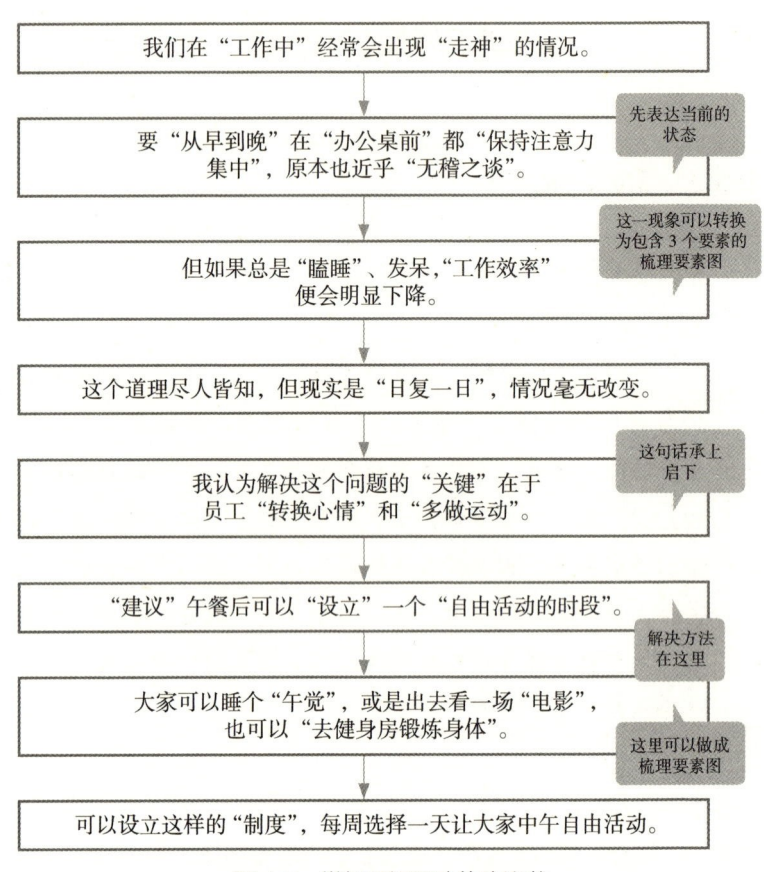

图 4-5　增加工间活动的建议书

步骤 3:根据需要转换图表

转换后的图表如图 4-6 所示。

第4章
掌握结构化思考，工作效率翻倍

（如果）要 → 我们在"工作中"经常会出现"走神"的情况。

删除这句话能让表达更加清晰

~~"从早到晚"在"办公桌前"都"保持注意力集中"，原本也近乎"无稽之谈"。~~

- 现象① "瞌睡"
- 现象② "发呆"
- 现象③ （这里还需要填入1个）

人在注意力不集中时的常见现象

这个道理尽人皆知，但现实是"日复一日"，情况毫无改变。

解决思路
"关键"在于员工"转换心情"和"多做运动"。

建议
午餐后"设立"一个可以"自由活动的时段"。

- 活动① 可以睡个"午觉"
- 活动② 或是出去看一场"电影"
- 活动③ 也可以"去健身房锻炼身体"

可以设立这样的"制度"，每周选择一天让大家中午自由活动。

→ 优化图表

(a)

```
┌─────────────────────────────────────────────┐
│  我们在"工作中"经常会出现"走神"的情况。      │
└─────────────────────────────────────────────┘
                                          ┌─填入了"玩手机"─┐
  ┌─现象①──┐   ┌─现象②──┐   ┌─现象③──┐
  │ "瞌睡" │   │ "发呆" │   │"玩手机"│
  └────────┘   └────────┘   └────────┘

┌─────────────────────────────────────────────┐
│  这个道理尽人皆知,但现实是"日复一日",情况毫无改变。│
└─────────────────────────────────────────────┘

      ┌─解决思路─┐
┌─────────────────────────────────────────────┐
│  "关键"在于员工"转换心情"和"多做运动"。      │
└─────────────────────────────────────────────┘

      ┌─建议─┐
┌─────────────────────────────────────────────┐
│  午餐后"设立"一个可以"自由活动的时段"。      │
└─────────────────────────────────────────────┘

  ┌─活动①──┐   ┌─活动②──────┐   ┌─活动③──────┐
  │可以睡个 │   │或是出去看一场│   │也可以去健身房│
  │"午觉"  │   │"电影"       │   │锻炼身体     │
  └────────┘   └─────────────┘   └─────────────┘

┌─────────────────────────────────────────────┐
│  可以设立这样的"制度",每周选择一天让大家中午自由活动。│
└─────────────────────────────────────────────┘
```

(b)

图4-6 转换图表

如果无法填满主要的框格,很可能说明你准备的要素不全,缺乏说服力。这时,你应该继续深入思考。

第 4 章
掌握结构化思考，工作效率翻倍

步骤 4：整体调整

整体调整后的图表如图 4-7 所示。

```
┌─────────────────────────────────────┐
│      工作中经常出现走神的情况。      │
└─────────────────────────────────────┘
   ┌──────┐    ┌──────┐    ┌──────┐
   │现象①│    │现象②│    │现象③│
   │ 瞌睡 │    │ 发呆 │    │玩手机│
   └──────┘    └──────┘    └──────┘
                   ↓
┌─────────────────────────────────────┐
│这个道理尽人皆知，但现实是日复一日，情况毫无改变。│   ┌────────┐
└─────────────────────────────────────┘   │删除多余│
                   ↓                       │  部分  │
         ┌──────────┐                      └────────┘
         │ 解决思路 │
         │关键在于员工转换心情和多做运动。│
         └──────────┘
                   ↓
              ┌──────┐
              │ 建议 │
              │午餐后设立一个可以自由活动的时段。│
              └──────┘
   ┌──────┐    ┌──────┐    ┌──────┐
   │活动①│    │活动②│    │活动③│
   │可以睡│    │或是出│    │也可以去健身房│
   │个午觉│    │去看一│    │  锻炼身体  │
   │      │    │场电影│    │            │
   └──────┘    └──────┘    └──────┘
                   ↓
┌─────────────────────────────────────┐
│可以设立这样的制度，每周选择一天让大家中午自由活动。│
└─────────────────────────────────────┘
                              ▶ 优化图表 ▶
```

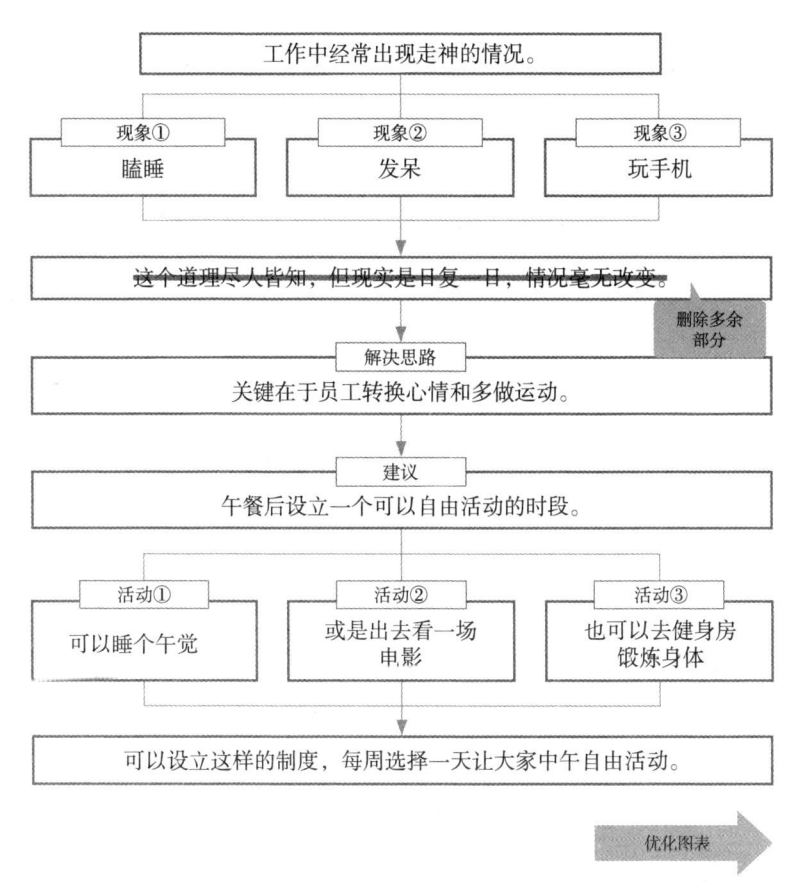

图 4-7　整体调整后的图表

101

下面，思考怎样才能让图表内的语言表达更简洁一些。调整完成后的排列组合图如图 4-8 所示。

```
                 工作中经常出现走神的情况
        ┌──────────────┼──────────────┐
    现象①           现象②           现象③
    瞌睡             发呆             玩手机
        └──────────────┼──────────────┘
                    解决思路
               转换心情和多做运动
                       │
                     建议
              午餐后设立自由活动时段
        ┌──────────────┼──────────────┐
    活动①           活动②           活动③
    睡午觉           看电影         去健身房锻炼
                                     身体
        └──────────────┼──────────────┘
         可以设立这样的制度，每周选择一天让大家中午自由活动
```

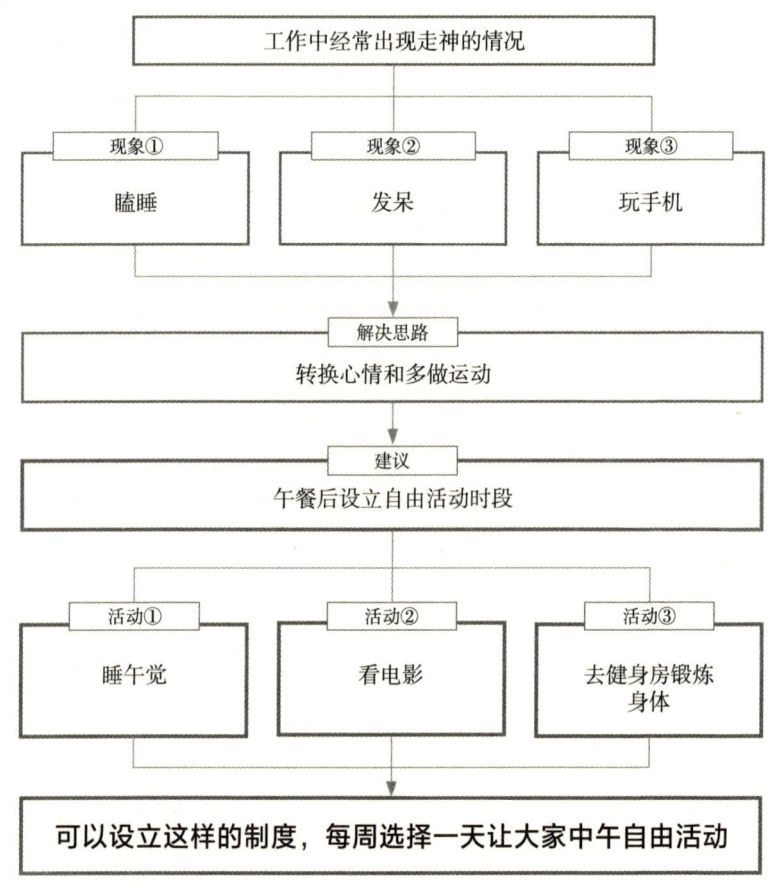

图 4-8　调整完成的排列组合图

第4章
掌握结构化思考，工作效率翻倍

调查结果汇报资料

步骤1：写出思考的内容

以下文为例，试着把头脑中的想法写下来。

妄图一举两得，结果顾此失彼。这种情形在各行各业都屡见不鲜。在经营方针方面，扩大市场占有率和提高利润率有时存在矛盾。如果为了扩大市场占有率，只追求增加客户和订单数量，那么低利润率的订单也会随之增多，这常常造成公司整体收益下滑。反之，如果想要提高利润率，就需要详细考察客户和订单，但这样会妨碍另一个目标，即扩大市场占有率的实现。鱼和熊掌不可兼得，那么应该怎么办呢？IFRS，也就是聚焦利润，已然成为全球性潮流，我们公司也应当全力以赴地提高利润率。

步骤2：从句子框格图入手，整理思维的逻辑结构

把文章转换为句子框格图，如图4-9所示。

一生受用的"结构化思考"

```
┌─────────────────────────────────────┐
│  妄图"一举两得",结果"顾此失彼"。        │──┐ 先说明一个
│  这种情形在各行各业都屡见不鲜。          │  │ 商业常识
└─────────────────────────────────────┘
              │
┌─────────────────────────────────────┐
│ 在"经营方针"方面,"扩大市场占有率"和     │──┐ 这里可以做成
│ "提高利润率"有时存在"矛盾"。            │  │ 对比要素图
└─────────────────────────────────────┘
              │
┌─────────────────────────────────────┐
│ 如果为了"扩大市场占有率",只"追求"增加"客 │
│ 户"和"订单"数量,那么"低利润率"的"订单"  │──┐ 说明"扩大市场
│ 也会随之增多,这常常造成"公司整体收益下滑"。│  │ 占有率"的缺点
└─────────────────────────────────────┘
       │  ┌─────┐
       │  │ 反之 │
       │  └─────┘
┌─────────────────────────────────────┐
│ 如果想要"提高利润率",就"需要""详细考     │
│ 察""客户"和"订单",但这样会"妨碍"另一    │──┐ 说明"提高利
│ 个"目标",即"扩大市场占有率"的"实现"。   │  │ 润率"的缺点
└─────────────────────────────────────┘
              │
┌─────────────────────────────────────┐
│           鱼和熊掌不可兼得。             │
└─────────────────────────────────────┘
              │
       ┌──────────────┐
       │ 那么应该怎么办呢? │──┐ 这句话承上
       └──────────────┘  │ 启下
              │
┌─────────────────────────────────────┐
│ IFRS,也就是"聚焦利润",已然成为          │
│ "全球性潮流","我们公司"也应当"全        │──┐ 这里表达希望
│ 力以赴"地"提高利润率"。                 │  │ 公司调整的方向
└─────────────────────────────────────┘
```

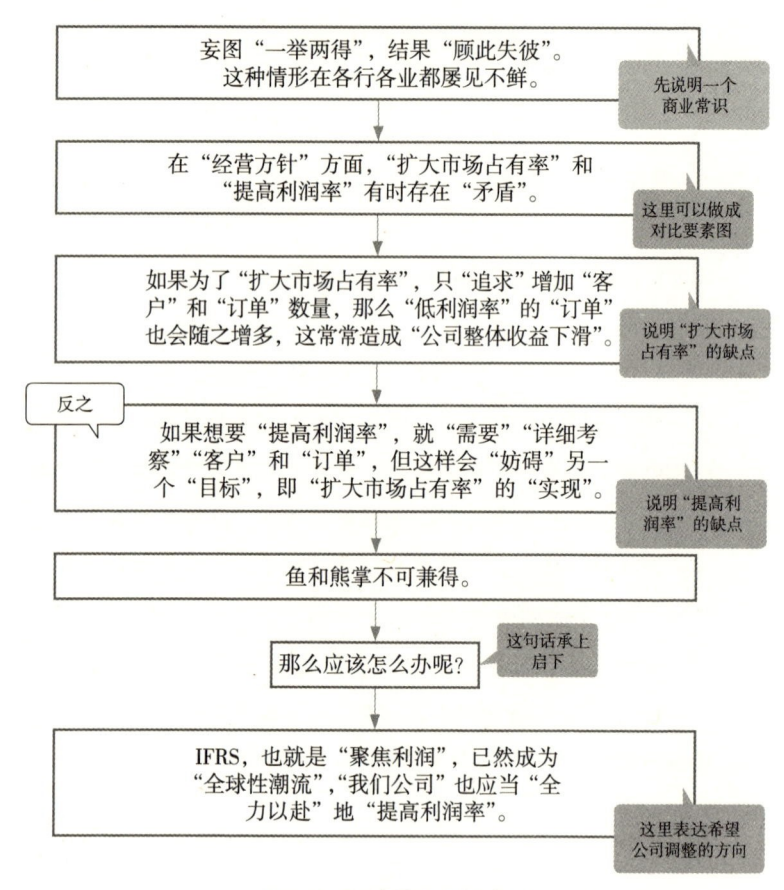

图 4-9　调查结果汇报资料

步骤3:根据需要转换图表

转换后的图表如图 4-10 所示。

第 4 章
掌握结构化思考，工作效率翻倍

```
┌─────────────────────────────────────┐
│ 妄图"一举两得"，结果"顾此失彼"。这种情形在 │
│         各行各业都屡见不鲜。              │
└─────────────────────────────────────┘
                    ↓
            ┌──────────────┐
            │  2 个对立的目标  │
            └──────────────┘
           ↙                ↘
   ┌─目标①────┐         ┌─目标②────┐
   │          │         │          │
   │"扩大市场占有率" │  VS  │ "提高利润率" │
   │          │         │          │
   └──────────┘         └──────────┘
           ↘                ↙
┌─────────────────────────────────────┐
│ 如果为了"扩大市场占有率"，只"追求"增加"客户" │
│ 和"订单"数量，那么"低利润率"的"订单"也会      │
│    随之增多，这常常造成"公司整体收益下滑"。   │
└─────────────────────────────────────┘
                    ↓
┌──────┐ ┌─────────────────────────────────────┐
│ 反之  │ │ 如果想要"提高利润率"，就"需要""详细考察""客户" │
└──────┘ │ 和"订单"，但这样会"妨碍"另一个"目标"，即"扩ー │
         │        大市场占有率"的"实现"。                │
         └─────────────────────────────────────┘
                    ↓
         ┌──────────────────────┐
         │    鱼和熊掌不可兼得。    │
         └──────────────────────┘
                    ↓
         ┌──────────────────────┐
         │    那么应该怎么办呢?    │
         └──────────────────────┘
                    ↓
┌─────────────────────────────────────┐
│ IFRS，也就是"聚焦利润"，已然成为"全球性潮流"，│
│  "我们公司"也应当"全力以赴"地"提高利润率"。   │
└─────────────────────────────────────┘
```

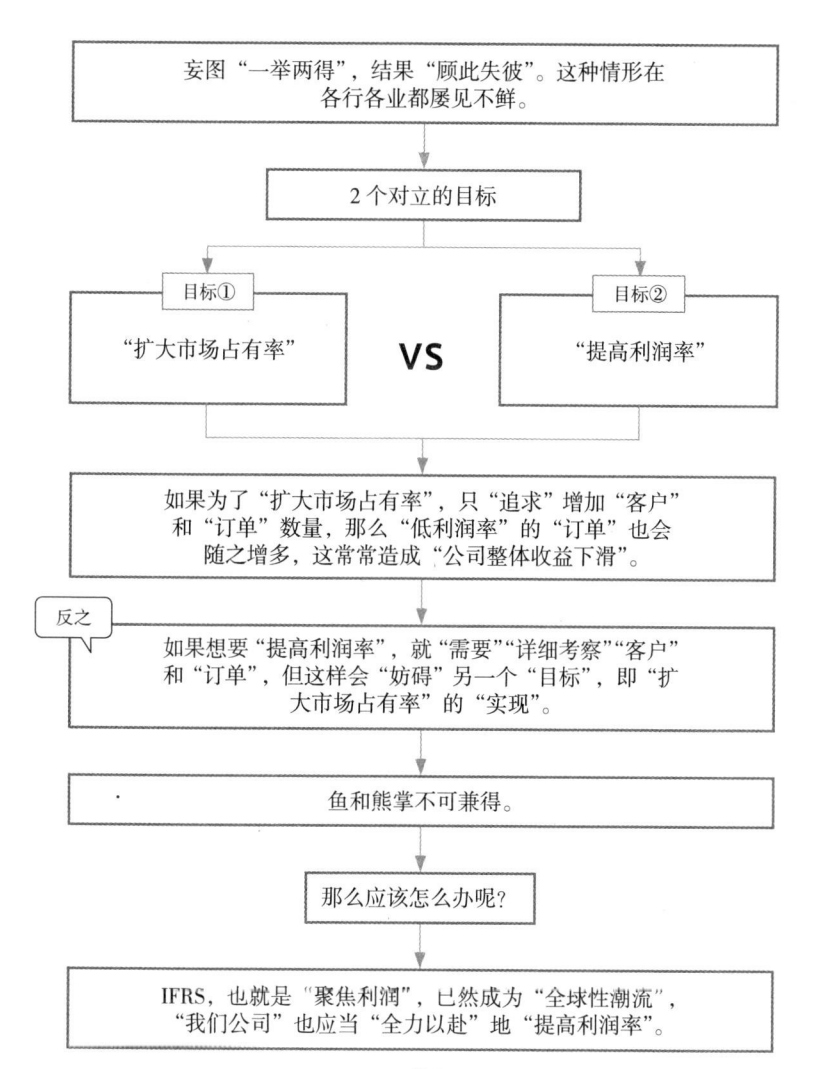

图 4-10　转换图表

105

一生受用的"结构化思考"

步骤 4：整体调整

整体调整后的图表如图 4-11 所示。

```
┌─────────────────────────────────────────┐
│ 妄图一举两得，结果顾此失彼。这种情形在各行各业 │
│ 都屡见不鲜。                              │
└─────────────────────────────────────────┘
              ↓
      ┌──────────────┐
      │ 2 个对立的目标 │
      └──────────────┘
        ↓          ↓
    ┌──────┐    ┌──────┐
    │ 目标① │    │ 目标② │
    │扩大市场│ VS │提高利润率│
    │占有率 │    │      │
    └──────┘    └──────┘

                              ┌──────┐
                              │目标①的│
                              │ 缺点 │
┌─────────────────────────┐   └──────┘
│如果为了扩大市场占有率，只追求增加客户│
│和订单数量，那么低利润率的订单也会随之│
│增多，这常常造成公司整体收益下滑。   │
└─────────────────────────┘   ┌──────┐
                              │目标②的│
      ┌────┐                  │ 缺点 │
      │ 反之│                  └──────┘
      └────┘
┌─────────────────────────┐
│如果想要提高利润率，就需要详细考察客户│
│和订单，但这样会妨碍另一个目标，即扩大│
│市场占有率的实现。                │
└─────────────────────────┘

        ~~鱼和熊掌不可兼得。~~        ┌──────┐
                                    │删除多余│
                                    │的部分 │
                                    └──────┘
    ┌──────┐
    │为了让结论更加│   ┌──────────────┐
    │清楚，前半句可│   │ 那么应该怎么办呢？│
    │以做成对白框 │   └──────────────┘
    └──────┘
              ↓
┌─────────────────────────┐
│ IFRS，也就是聚焦利润，已然成为全球性潮流， │
│ 我们公司也应当全力以赴地提高利润率。    │
└─────────────────────────┘

                                    ┌──────┐
                                    │优化图表│→
                                    └──────┘
```

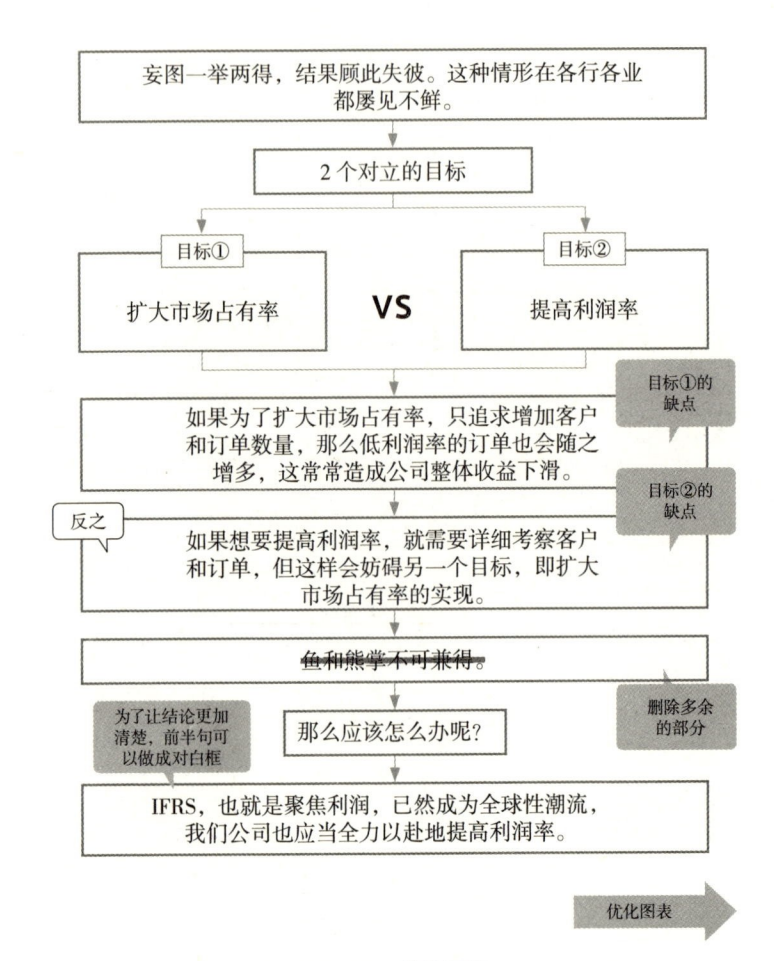

图 4-11 整体调整

第 4 章
掌握结构化思考，工作效率翻倍

调整完成后的排列组合图如图 4-12 所示。

```
           妄图一举两得，结果顾此失彼。这种情形在各行各业
                   都屡见不鲜。
                        │
                        ▼
                  2 个对立的目标
                   ┌────┴────┐
                   ▼         ▼
                目标①       目标②
             扩大市场占有率  VS  提高利润率
                   │         │
                   ▼         ▼
                  缺点       缺点
             为了扩大市场占有  想要提高利润率，
             率，只追求增加客户  就需要详细考察客
             和订单数量，低利润  户和订单，这样会
             率的订单也会随之增  妨碍另一个目标，
             多，常常造成公司整  即扩大市场占有率
             体收益下滑。       的实现。
                   └────┬────┘
                        ▼
                   应该怎么办呢？
  IFRS，也就是聚焦利润，    │
  已然成为全球性潮流         ▼
           我们公司也应当全力以赴地提高利润率。
```

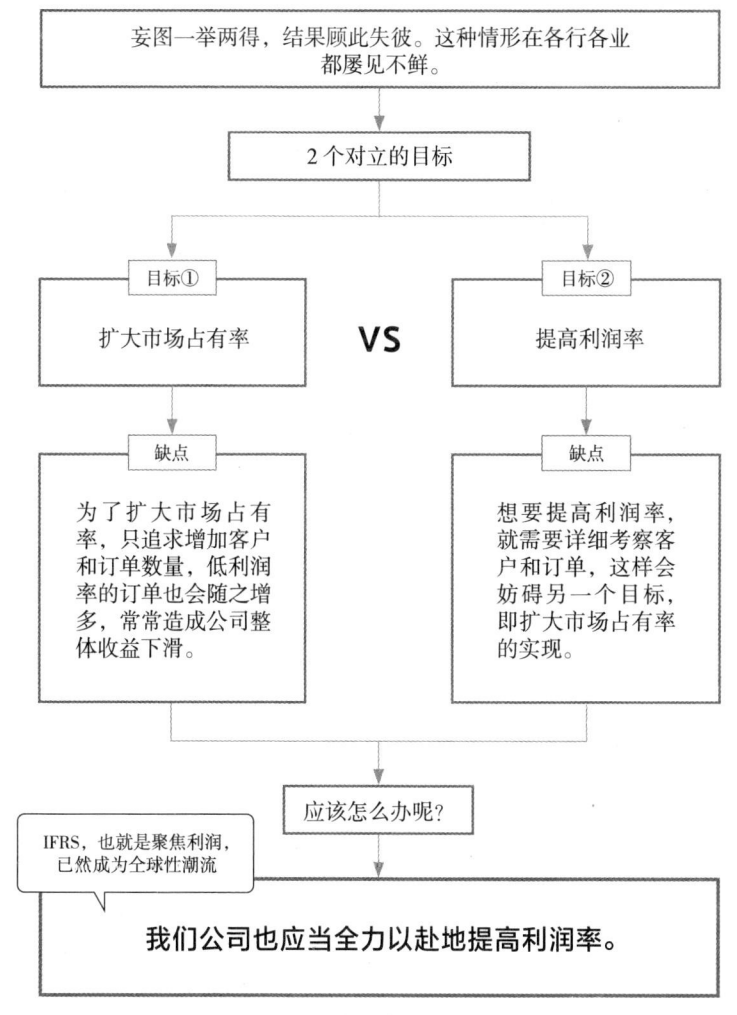

图 4-12　调整完成的排列组合图

107

整理日常谈话记录

七图法还可以用于整理日常谈话记录。这里介绍两个实例。

实例1：整理自己与下属一对一头脑风暴的内容。

- 两人坐在白板旁边。
- 鼓励下属随便聊一聊自己的想法。
- 把下属的发言一字不落地写在白板上。
- 畅谈1个小时后，白板已经写满。
- 把谈论较多的内容圈起来。
- 给白板拍照并打印出来。
- 用适当的图表形式将白板上的内容逐条可视化。
- 按照"一页图表表达一个信息"的原则将白板的内容转换为图表。
- 归纳整理类型相同的图表内容，形成"第×章"的雏形。
- 重排页码，形成初稿。
- 查漏补缺相关资料。
- 择日与下属交流并重复上述流程，提高材料的完成度。

上文假设的是鼓励下属表达意见的情形，你同样可以在白板上记录自己或上司的想法，进而转换为图表。

第 4 章
掌握结构化思考，工作效率翻倍

实例 2：整理晨会的决策。

- 如果产生 4 个决策，就用梳理要素图进行整理。
- 在图表下方备注截止日期和负责人，并共享至全体与会人员。

日常使用七图法时，重在简便地让相关人员了解情况，因此图表的篇幅应该控制在 1 页至几页不等。你也可以以此为基础，在后续会议中进一步优化内容。

在这里，我为大家总结了让文章更容易转换为图表的 10 个要点。

- 要点 1：平铺直叙。采用商务文体，遵循论点→矛盾→问题或原因→解决方法的写作顺序。
- 要点 2：写作思路要适应读者习惯。斟酌前后文关系，结论→依据或依据→结论。
- 要点 3：使用短句。每句话不要超过 50 个字。
- 要点 4：简洁有力。表达观点要明确。
- 要点 5：区分事实与解读。将客观事实和主观解读分开表达。
- 要点 6：同一个词语不要反复出现。重复用词会降低读者的阅读专注度。
- 要点 7：不使用晦涩的成语修辞。语言表达要通俗。

- 要点 8："删减"重于"表达"。删减技巧有：删除重复的表达；推敲复杂的表达方式；将双重否定改为肯定；每个意象仅保留一个比喻，删除多余的比喻；果断删除自我陶醉式的废话。
- 要点 9：坚持"一框一意"。一个框格表达一个意思，包含的要素过多会妨碍读者理解。
- 要点 10：表达不要拐弯抹角。单刀直入地表达观点。

你学会了吗？通过对具体范例的学习，你在拟制图表方面是否已经做到心中有数？熟练掌握七图法的首要秘诀就是反复练习。希望你能够持之以恒地把自己的所知、所想转换为图表，努力成为写材料的行家里手。

牛刀小试，练习一下

七图法重在熟能生巧，所以你要亲自动手总结。通过反复练习，我们才能一下笔就直接形成句子框格图，无需事先写成文字。下面给出了多道练习题。练习题后的示例仅供参考无需完全一致。如果读者在运用七图法的时候遇到困难，可以参考答案给出的结构，从而选取合适的图表。

练习 1

你是一家IT公司的策划人员,正在为新业务拟制一份提案。请写出你的想法或画出句子框格图。

第 4 章
掌握结构化思考，工作效率翻倍

> 📈 **示例参考**

步骤 1：写出思考的内容

　　某出租车公司的调度系统备受关注。全日本范围内，出租车持有量仅为个位数的小微企业数量众多，它们缺乏资金和人手，无力引进大型供应商的车辆调度系统。于是，一家提供云端车辆调度系统的创业公司应运而生。它以合理的价格提供订阅升级服务，而且业务范围不仅仅局限于车辆调度，还会为司机介绍其他工作，以增加收入。这表明即使为某一家公司单独研发车辆调度系统在 B2B 市场并不划算，但只要能将该系统投放全国，那么其在商业上就能获得成功。希望这一模式也能在我们公司推广。换句话说，在全国的 B2B 市场中，面向最小规模、特定行业的企业群体研发并提供云端服务项目，能解决这些企业的困难。具体来说，可以面向小寺庙住持研发相关系统，在云端提供住持代替施主定期扫墓和祭拜的服务。

步骤 2：从句子框格图入手，整理思维的逻辑结构

　　将上述内容整理为句子框格图，如图 4-13 所示。

113

一生受用的"结构化思考"

某"出租车公司"的"调度系统"备受关注。

全日本范围内，出租车持有量仅为个位数的"小微企业"数量众多，它们缺乏资金和人手，无力引进"大型供应商"的"车辆调度系统"。

于是

一家提供"云端""车辆调度系统"的"创业公司"应运而生。

它以合理的价格提供"订阅升级"服务。

而且

业务范围不仅仅局限于车辆调度，还会为司机介绍其他工作，以增加收入。

这表明

即使为某一家公司单独研发车辆调度系统在"B2B市场"并不划算，但只要能将该系统投放全国，那么其在商业上就能获得成功。

~~希望这一模式也能在我们公司推广。~~   可以删除

换句话说

在全国的"B2B市场"中，面向最小规模、特定行业的企业群体研发并提供云端服务"项目"，能解决这些企业的困难。

具体来说

可以面向小寺庙住持研发相关系统，在"云端"提供住持代替施主"定期扫墓"和"祭拜"的"服务"。

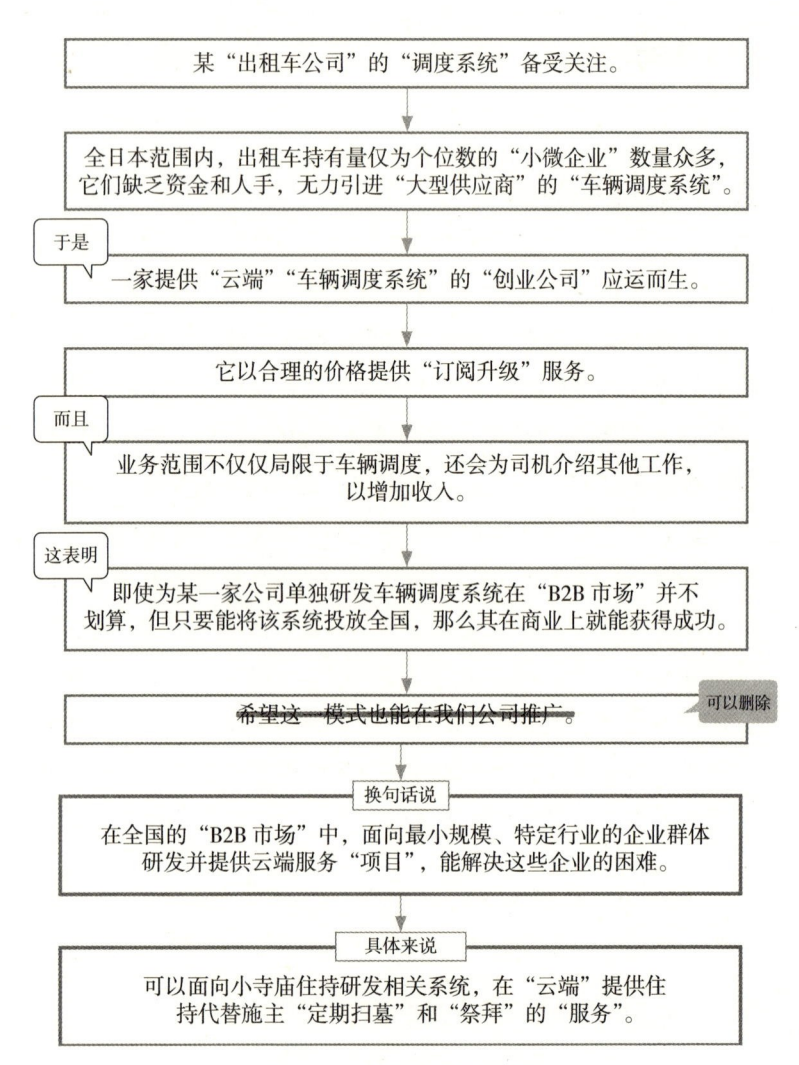

图 4-13 转换为句子框格图

114

第 4 章
掌握结构化思考，工作效率翻倍

步骤 3：整体调整

整体调整句子框格图后如图 4-14 所示。

```
┌─────────────────────────────────────────────┐
│     某出租车公司的调度系统备受关注。          │
└─────────────────────────────────────────────┘
                      ↓
┌─────────────────────────────────────────────┐
│ 全日本范围内，出租车持有量仅为个位数的小微企业数量众多，它 │
│ 们缺乏资金和人手，无力引进大型供应商的车辆调度系统。      │
└─────────────────────────────────────────────┘
                      ↓
 [于是]
┌─────────────────────────────────────────────┐
│     一家提供云端车辆调度系统的创业公司应运而生。          │
└─────────────────────────────────────────────┘
                      ↓
 [而且]
┌─────────────────────────────────────────────┐
│         它以合理的价格提供订阅升级服务。                  │
└─────────────────────────────────────────────┘
                      ↓
┌─────────────────────────────────────────────┐
│ 业务范围不仅仅局限于车辆调度，还会为司机介绍其他          │
│           工作，以增加收入。                             │
└─────────────────────────────────────────────┘
                      ↓
 [这表明]
┌─────────────────────────────────────────────┐
│ 即使为某一家公司单独研发车辆调度系统在 B2B 市场          │
│ 并不划算，但只要能将该系统投放全国，                      │
│ 那么其在商业上就能获得成功。                             │
└─────────────────────────────────────────────┘
                      ↓
             [换句话说]
┌─────────────────────────────────────────────┐
│ 在全国的 B2B 市场中，面向最小规模、特定行业的企业群体      │
│ 研发并提供云端服务项目，能解决这些企业的困难。            │
└─────────────────────────────────────────────┘
                      ↓
             [具体来说]
┌─────────────────────────────────────────────┐
│ 可以面向小寺庙住持研发相关系统，在云端提供住持代替施主    │
│ 定期扫墓和祭拜的服务。                                    │
└─────────────────────────────────────────────┘
```

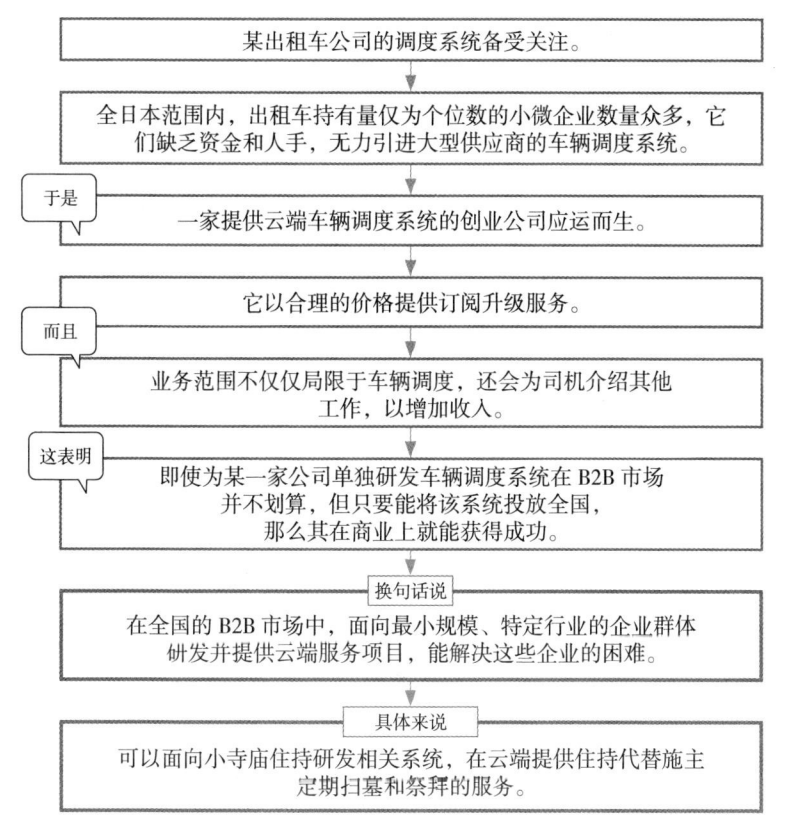

图 4-14　整体调整后的句子框格图

在这个练习中，仅用句子框格图就足以让内容变得简单易懂。

115

练习 2

写一份关于公司数字化转型的提案。请写出你的想法或画出句子框格图。

第 4 章
掌握结构化思考，工作效率翻倍

> 📝 **示例参考**

步骤 1：写出思考的内容

　　实施数字化转型意味着我们要蜕变为一个以信息为基础的组织。你想利用数字化实现什么？将当前的间接成本降低 30%，人均营业额提高 50%，发展新客户所需的人力资源投入减少 40% 等。而且在转型之后，在系统更新方面必须建立从公司高管至客户都包含在内的信息共享机制。这个问题在公司的责任范畴内，从而有必要向 IT 供应商明确改进方向。因此，我认为关键在于实现信息流动可视化，并以此为基础管理业务，确保公司发展顺应时代变化。总而言之，引进数字化转型时应当设定关键绩效指标。同时，要在数字化转型运行期间建立如实反馈现场需求的机制，这也是经常被忽视的问题。

步骤 2：从句子框格图入手，整理思维的逻辑结构

　　将上述内容整理为句子框格图，如图 4-15 所示。

```
                ┌──────────────────────────────────────────────┐
                │  实施"数字化转型"意味着我们要蜕变为一个以"信息" │
                │              为"基础"的组织。                │
                └──────────────────────────────────────────────┘
                                                      ┌──────────┐
                ┌──────────────────────────────────────┤ 可以删除 │
                │        ~~你想利用数字化实现什么?~~    │          │
                └──────────────────────────────────────┴──────────┘
      ┌──────┐
      │ 我认为│  ┌──────────────────────────────────────────────┐
      └──────┘  │         当前的间接成本降低 30%。            │
                └──────────────────────────────────────────────┘

                ┌──────────────────────────────────────────────┐
                │         "人均营业额"提高 50%。              │
                └──────────────────────────────────────────────┘

                ┌──────────────────────────────────────────────┐
                │  发展新客户所需的"人力资源"投入减少 40%。   │
                └──────────────────────────────────────────────┘
                                                    ┌──────────────┐
                ┌──────────────────────────────────┐ │ 这句话可以   │
                │  可以设定这样的关键绩效指标(KPI)。│ │ 调整到前面   │
                └──────────────────────────────────┘ └──────────────┘
      ┌──────┐
      │ 而且 │  ┌──────────────────────────────────────────────┐
      └──────┘  │  在"转型"之后,在"系统更新"方面必须建立从"公  │
                │  司高管"至"客户"都包含在内的信息共享"机制"。 │
                └──────────────────────────────────────────────┘
      ┌────────┐
      │ 这个问题│ ┌──────────────────────────────────────────────┐
      └────────┘ │  在公司的责任范畴内,从而有必要向"IT供应商" │
                │              明确改进方向。                 │
      ┌──────┐  └──────────────────────────────────────────────┘
      │ 因此 │
      └──────┘  ┌──────────────────────────────────────────────┐
                │  我认为"关键"在于实现信息流动"可视化",并以此│
                │  为基础"管理业务","确保"公司发展顺应"时代变化"。│
                └──────────────────────────────────────────────┘
      ┌────────┐
      │ 总而言之│ ┌──────────────────────────────────────────────┐
      └────────┘ │  "引进数字化转型"时应当设定关键绩效指标。   │
                └──────────────────────────────────────────────┘
      ┌──────┐
      │ 同时 │  ┌──────────────────────────────────────────────┐
      └──────┘  │  要在"数字化转型运行"期间建立如实反馈现场"需求"的"机制"。│
                └──────────────────────────────────────────────┘

                ┌──────────────────────────────────────────────┐
                │         这也是经常被忽视的问题。            │
                └──────────────────────────────────────────────┘
```

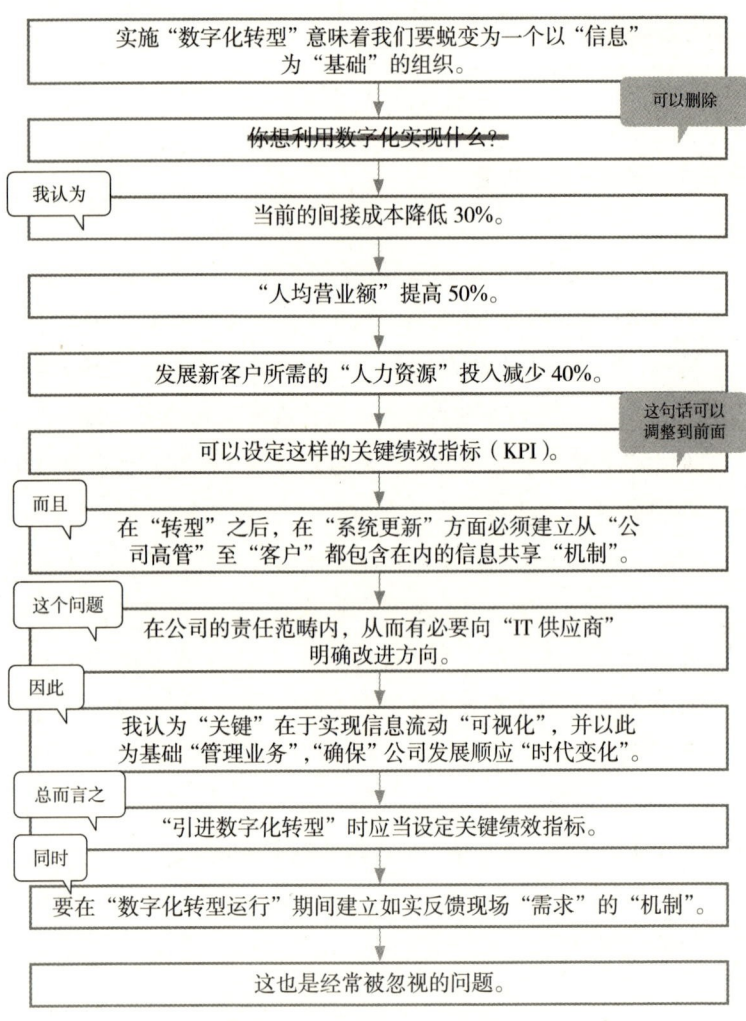

图 4-15 转换为句子框格图

第 4 章
掌握结构化思考，工作效率翻倍

步骤 3：根据需要转换图表

将句子框格图转换为排列组合图，如图 4-16 所示。

```
┌─────────────────────────────────────────┐
│ 实施数字化转型意味着我们要蜕变为一个以信息 │
│              为基础的组织                │
└─────────────────────────────────────────┘
┌─────────────────────────────────────────┐
│ 引进数字化转型的关键在于设定关键绩效指标（KPI）│
└─────────────────────────────────────────┘

┌─绩效指标①─┐  ┌─绩效指标②─┐  ┌─绩效指标③─┐
│当前的间接成│  │人均营业额提│  │发展新客户所需的│
│本降低 30% │  │高 50%     │  │人力资源投入减少│
│           │  │           │  │40%           │
└───────────┘  └───────────┘  └──────────────┘

┌而且┐
└───┘
┌─────────────────────────────────────────┐
│ 在转型之后，在系统更新方面必须建立从公司高管 │
│   至客户都包含在内的信息共享机制          │
└─────────────────────────────────────────┘

┌这个问题┐ ┌─备注①─────────┐  ┌因此┐ ┌─备注②─────────┐
│        │ │在公司的责任范畴│  │    │ │关键在于实现信息│
│        │ │内，从而有必    │  │    │ │流动可视化，    │
│        │ │要向 IT 供应商明│  │    │ │并以此为基础管理│
│        │ │确改进方向      │  │    │ │业务，确保公    │
│        │ │                │  │    │ │司发展顺应时代变化│
└────────┘ └────────────────┘  └────┘ └────────────────┘

           ┌─建议①─────────┐ ┌经常被忽┐ ┌─建议②─────────┐
           │引进数字化转型时│ │视的问题│ │要在数字化转型运│
           │应当设定关键    │ │        │ │行期间建立如    │
           │绩效指标        │ │        │ │实反馈现场需求的机制│
           └────────────────┘ └────────┘ └────────────────┘
```

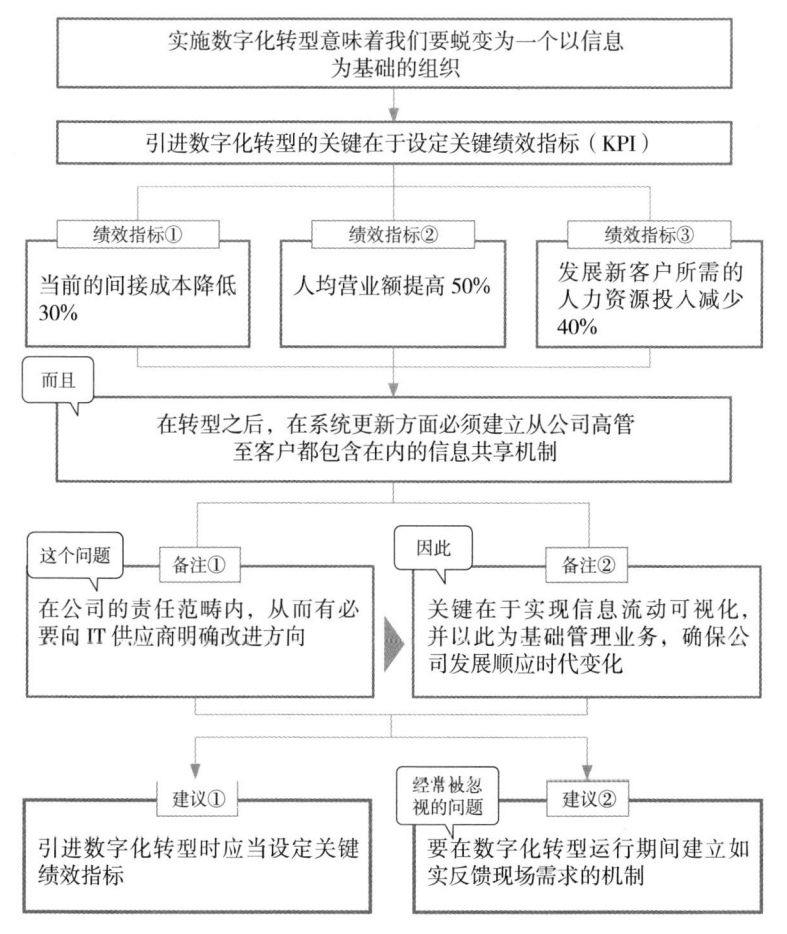

图 4-16　转换后的排列组合图

119

练习3

设想你理想中的上司形象,用文字和图表表达出来。请写出你的想法或画出句子框格图。

第 4 章
掌握结构化思考，工作效率翻倍

> 示例参考

在练习 3 中，我们可以稍微改变一下方式。在制作句子框格图之前先对文章结构进行调整，可以提高转换图表的效率。

步骤 1：写出思考的内容

我认为一位理想的上司应该具备 3 个条件。第一是令人敬佩的工作能力，也就是格局开阔、考虑周全，而且目标明确、坚定不移。第二是帮助下属成长进步。首先是善于发现下属的优点并加以肯定，其次是能够根据下属的能力、经验安排合适的工作。第三是容易沟通，关键是能在上下级之间营造可以轻松沟通的氛围，并且善于倾听下属的意见。一位理想的上司，最重要的是以培养下属为己任，乐于见到下属的成长进步。

步骤 1-2：先梳理文章结构，再转换图表

在制作句子框格图之前，先将文章结构逐条梳理，使文章内容更容易填入图表之中。对例文的梳理如下所示。

121

我认为一位理想的上司应该具备3个条件。

- 令人敬佩的工作能力：
  格局开阔、考虑周全；
  目标明确、坚定不移。
- 帮助下属成长进步：
  善于发现下属的优点并加以肯定；
  能够根据下属的能力、经验安排合适的工作。
- 容易沟通：
  在上下级之间营造可以轻松沟通的氛围；
  善于倾听下属的意见。
- 一位理想的上司，最重要的是以培养下属为己任，乐于见到下属的成长进步。

步骤2：逐条填入句子框格图，然后调整思维的逻辑结构

整理后制作的句子框格图如图4-17所示。

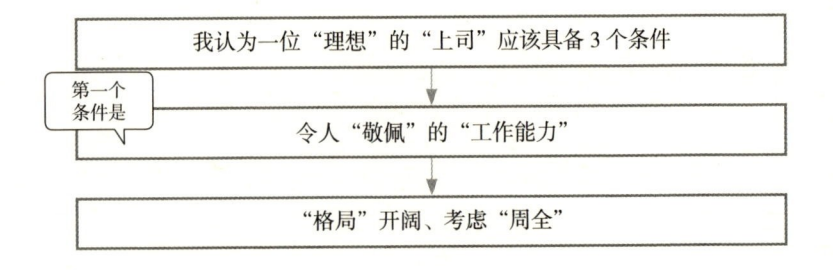

```
┌─────────────────────────────────────────────┐
│ 我认为一位"理想"的"上司"应该具备3个条件 │
└─────────────────────────────────────────────┘
                      ↓
        ┌─────────────────────────────────────┐
第一个   │   令人"敬佩"的"工作能力"            │
条件是   └─────────────────────────────────────┘
                      ↓
        ┌─────────────────────────────────────┐
        │   "格局"开阔、考虑"周全"             │
        └─────────────────────────────────────┘
```

第 4 章
掌握结构化思考，工作效率翻倍

```
           │
           ▼
┌─────────────────────────────────────┐
│   目标"明确"、"坚定"不移              │
└─────────────────────────────────────┘
           │
┌──────┐   ▼
│第二个 │ ┌─────────────────────────────────┐
│条件是 │ │   "帮助"下属"成长进步"            │
└──────┘ └─────────────────────────────────┘
           │
           ▼
┌─────────────────────────────────────┐
│  善于发现下属的"优点"并加以"肯定"     │
└─────────────────────────────────────┘
           │
           ▼
┌─────────────────────────────────────┐
│ 能够根据下属的"能力"和"经验"安排合适的工作 │
└─────────────────────────────────────┘
           │
┌──────┐   ▼
│第三个 │ ┌─────────────────────────────────┐
│条件是 │ │        容易"沟通"                │
└──────┘ └─────────────────────────────────┘
           │
           ▼
┌─────────────────────────────────────┐
│ 在上下级之间营造可以"轻松沟通"的"氛围" │
└─────────────────────────────────────┘
           │
           ▼
┌─────────────────────────────────────┐
│     善于"倾听"下属的意见              │
└─────────────────────────────────────┘
           │
┌────────┐ ▼
│最重要的是│┌─────────────────────────────────┐
└────────┘│一位"理想"的上司，应当以"培养下属"为己任，│
          │乐于见到下属的"成长进步"            │
          └─────────────────────────────────┘
```

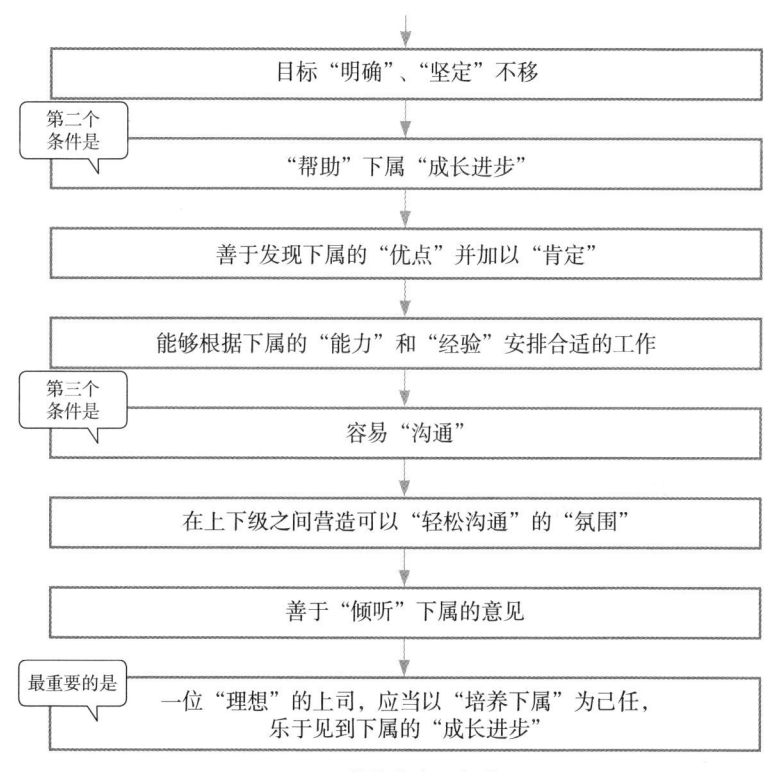

图 4-17　转换为句子框格图

步骤 3：根据需要转换图表

将句子框格图转换为排列组合图，如图 4-18 所示。

```
                    ┌─────────────────────────┐
                    │ 理想的上司应该具备 3 个条件 │
                    └─────────────────────────┘
         ┌───────────────────┼───────────────────┐
      条件①              条件②              条件③
   ┌──────────┐       ┌──────────┐       ┌──────────┐
   │ 令人敬佩的工│       │ 帮助下属成│       │ 容易沟通 │
   │ 作能力    │       │ 长进步    │       │          │
   └──────────┘       └──────────┘       └──────────┘
     备注①-1           备注②-1            备注③-1
   ┌──────────┐       ┌──────────┐       ┌──────────┐
   │格局开阔、考虑│      │善于发现下属的│     │在上下级之间营│
   │周全        │      │优点并加以肯定│     │造可以轻松沟通│
   │            │      │            │     │的氛围      │
   └──────────┘       └──────────┘       └──────────┘
     备注①-2           备注②-2            备注③-2
   ┌──────────┐       ┌──────────┐       ┌──────────┐
   │目标明确、坚定│      │能够根据下属的│     │善于倾听下属的│
   │不移        │      │能力、经验安排│     │意见        │
   │            │      │合适的工作    │     │            │
   └──────────┘       └──────────┘       └──────────┘
```

最重要的是
┌───┐
│ 一位理想的上司，应当以培养下属为己任，   │
│ 乐于见到下属的成长进步   │
└───┘

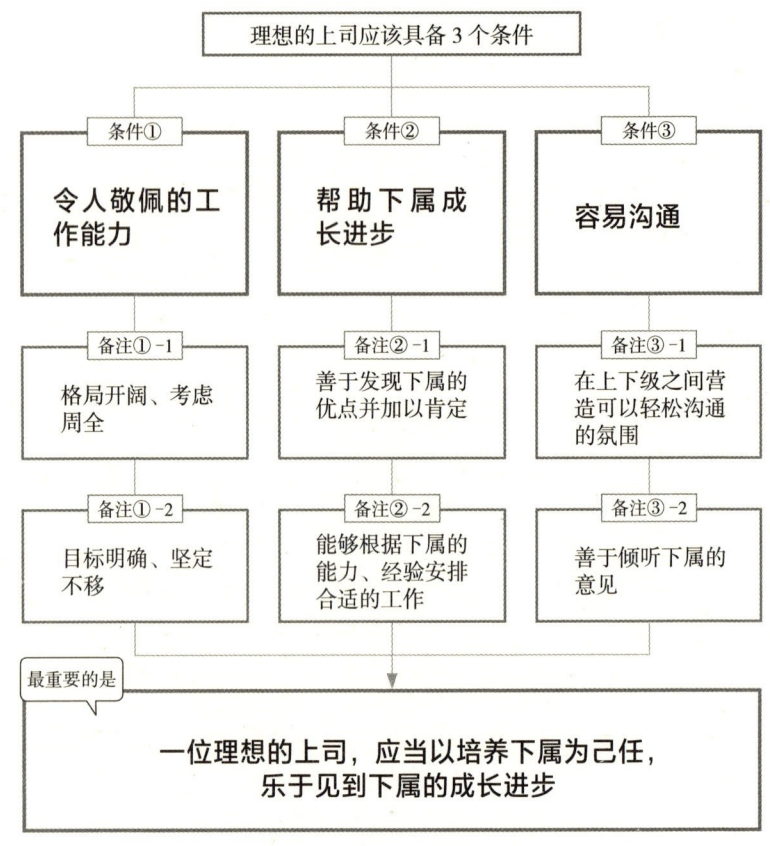

图 4-18　转换为排列组合图

至此，你是否已经熟练掌握七图法了呢？

完成关于"理想的上司"的练习之后，我们再来设想一下理想的下属形象吧。

练习 4

设想你理想中的下属形象，用文字和图表表达出来。请写出你的想法或画出句子框格图。

📌 示例参考

步骤1：写出思考的内容

设想一下理想的下属应该具备的条件。例如，首先是能够揣摩上司的真实意图，跟随上司的脚步，担当左膀右臂。其次是乐于与上司交流，逆境之中也忠心耿耿，还要展现出愿意进步的姿态。一名理想的下属，最重要的是能够主动设定目标，进行自我鞭策。夸张地说，一名理想的下属会让你产生"让自己的孩子成为他的下属"的想法。

步骤2：从句子框格图入手，整理思维的逻辑结构

将上述内容整理为句子框格图，如图4-19所示。

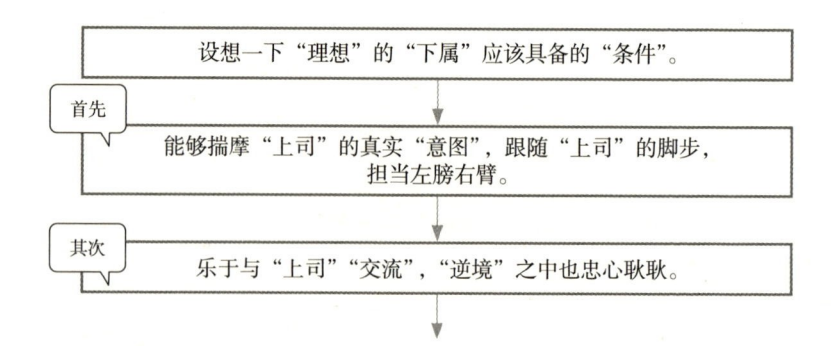

```
┌─────────────────────────────────────────────┐
│  设想一下"理想"的"下属"应该具备的"条件"。    │
└─────────────────────────────────────────────┘
              │
    ┌─首先─┐  ▼
    └─────┘┌─────────────────────────────────────┐
           │ 能够揣摩"上司"的真实"意图"，跟随"上司"的脚步， │
           │         担当左膀右臂。              │
           └─────────────────────────────────────┘
              │
    ┌─其次─┐  ▼
    └─────┘┌─────────────────────────────────────┐
           │ 乐于与"上司""交流"，"逆境"之中也忠心耿耿。 │
           └─────────────────────────────────────┘
              │
              ▼
```

第 4 章
掌握结构化思考，工作效率翻倍

> 最重要的是

还要展现出"愿意进步"的姿态。

一名理想的"下属"，要能够主动设定"目标"，进行自我"鞭策"。

> 夸张地说

一名理想的下属会让你产生"让'自己的孩子'成为'他的下属'"的想法。

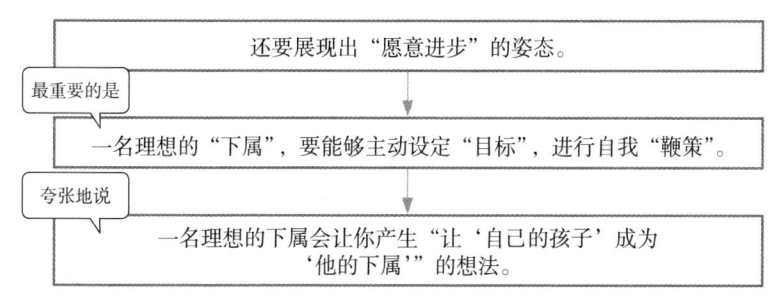

图 4-19　转换为句子框格图

步骤 3：根据需要转换图表

将句子框格图转换为排列组合图，如图 4-20 所示。

理想的下属应该具备的条件

条件①	条件②	条件③	条件④	条件⑤
揣摩上司的真实意图	跟随上司的脚步，担当左膀右臂	乐于与上司交流	逆境之中也忠心耿耿	展现出愿意进步的姿态

最重要的条件

条件：主动设定目标，进行自我鞭策

> 夸张地说

让你产生让"自己的孩子"成为"他的下属"的想法

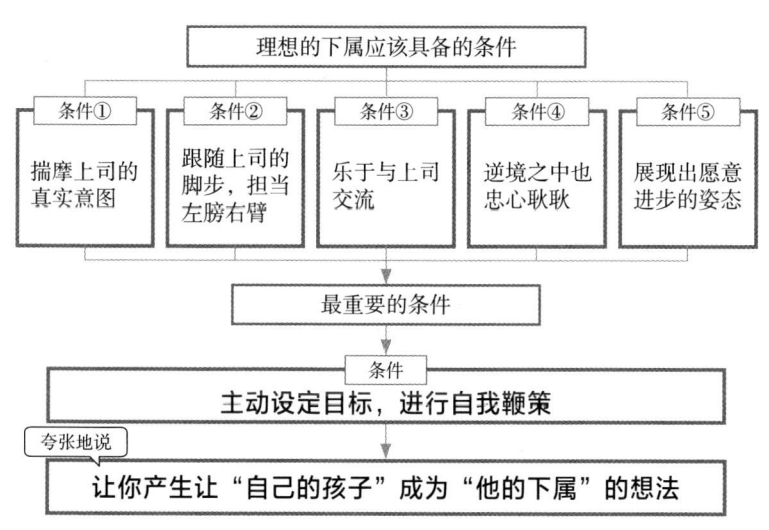

图 4-20　转换后的排列组合图

127

一生受用的"结构化思考"

练习 5

设想你理想中的团队形象，用文字和图表表达出来。请写出你的想法或画出句子框格图。

第 4 章
掌握结构化思考，工作效率翻倍

示例参考

步骤 1：写出思考的内容

一个理想的团队既要有目标，也要有执行力。有明确的目标，全体成员才能找到共同的方向。团队成员要有主人翁意识，积极主动地采取行动。每一名成员不但要发挥自身优势，还要激发同事的长处，营造分工明确、互帮互助的氛围。理想的团队中成员要彼此信赖。关键要让全体成员认识到，和谐的人际关系意味着更高的工作效率。时刻保持良好的沟通交流和信息共享同样重要。此外，还要让所有人都树立行动以结果为导向的思维。

步骤 2：从句子框格图入手，整理逻辑结构

将上述内容整理为句子框格图，如图 4-21 所示。

```
"理想"的"团队"既要有"目标"，也要有"执行力"。
          ↓
有"明确"的"目标"，"全体成员"才能找到"共同的方向"。
          ↓
```

129

```
┌─────────────────────────────────────────────────────────┐
│ "团队成员"要有"主人翁意识","积极主动"地采取"行动"。      │
└─────────────────────────────────────────────────────────┘
                            ↓
┌─────────────────────────────────────────────────────────┐
│ "每一名成员"不但要"发挥自身优势",还要"激发同事的长处"。   │
└─────────────────────────────────────────────────────────┘
                            ↓
┌─────────────────────────────────────────────────────────┐
│          营造"分工明确""互帮互助"的氛围。                 │
└─────────────────────────────────────────────────────────┘
                            ↓
┌─────────────────────────────────────────────────────────┐
│          "理想的团队"中成员要"彼此信赖"。                 │
└─────────────────────────────────────────────────────────┘
                            ↓
┌─────────────────────────────────────────────────────────┐
│   "关键"要让全体成员认识到,"和谐的人际关系"意味着更高的   │
│                      "工作效率"。                         │
└─────────────────────────────────────────────────────────┘
                            ↓
┌─────────────────────────────────────────────────────────┐
│        时刻保持"良好的沟通交流"和"信息共享"              │
│                  同样"重要"。                            │
└─────────────────────────────────────────────────────────┘
    ┌──────┐            ↓
    │ 此外 │
    └──────┘
┌─────────────────────────────────────────────────────────┐
│        要让所有人都"树立以结果为导向的思维"。             │
└─────────────────────────────────────────────────────────┘
```

图 4-21　转换为句子框格图

步骤 3：根据需要转换图表

将句子框格图转换为排列组合图，如图 4-22 所示。

第 4 章
掌握结构化思考，工作效率翻倍

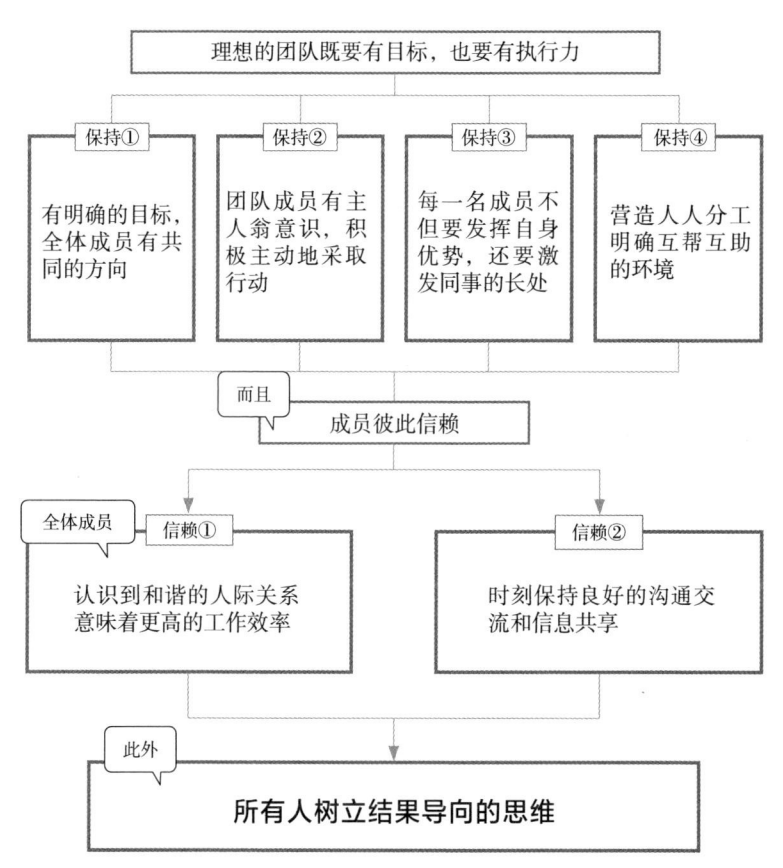

```
                 ┌─────────────────────────────────┐
                 │ 理想的团队既要有目标，也要有执行力 │
                 └─────────────────────────────────┘
        ┌────────────┬────────────┬────────────┐
     [保持①]      [保持②]      [保持③]      [保持④]
   ┌─────────┐ ┌─────────┐ ┌─────────┐ ┌─────────┐
   │有明确的  │ │团队成员有│ │每一名成员│ │营造人人分│
   │目标，    │ │主人翁意识│ │不但要发挥│ │工明确互帮│
   │全体成员有│ │，积极主动│ │自身优势，│ │互助的环境│
   │共同的方向│ │地采取行动│ │还要激发同│ │         │
   │         │ │         │ │事的长处  │ │         │
   └─────────┘ └─────────┘ └─────────┘ └─────────┘
                    [而且]
              ┌──────────────┐
              │ 成员彼此信赖  │
              └──────────────┘
       [全体成员]
          [信赖①]              [信赖②]
   ┌──────────────────┐   ┌──────────────────┐
   │认识到和谐的人际关系│   │时刻保持良好的沟通 │
   │意味着更高的工作效率│   │交流和信息共享     │
   └──────────────────┘   └──────────────────┘

       [此外]
   ┌──────────────────────────────┐
   │    所有人树立结果导向的思维     │
   └──────────────────────────────┘
```

图 4-22 转换后的排列组合图

131

练习 6

设想你理想中的会议形式,用文字和图表表达出来。请写出你的想法或画出句子框格图。

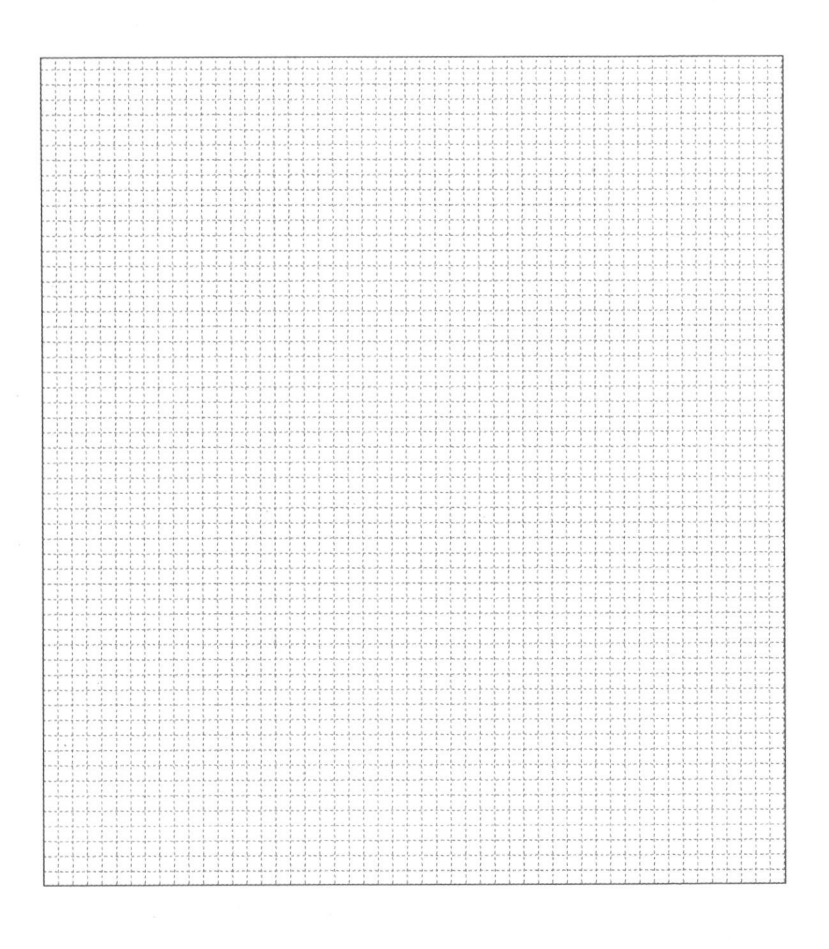

第 4 章
掌握结构化思考，工作效率翻倍

示例参考

步骤 1：写出思考的内容

会议不能成为某一个人高谈阔论的一言堂。要在开会之前共享目标和要讨论的问题。建议形成一个机制，让主持人能够顺利地将偏题的讨论拉回主题。如果会后能够尽早将成形的会议纪要分发给与会人员，那就更好了。至少提前一天将会议资料和议程安排分发给与会人员，这样能提高会议效率。最好事先确认一下领导和核心与会人员现阶段的想法。如果无人发表意见，主持人可以抛砖引玉地提议，如"诸位觉得 A 方案怎么样？"。关键是要让"会议的目的是决策"成为与会人员的共识。

步骤 1-2：先修改文章，再填写句子框格图

这次在进行图表化之前，我们要比练习 3 更加细致地先梳理文章结构。如果你写起文章来已经得心应手，那就无需在优化句子框格图上浪费工夫。如果你已经厘清了文章结构，也可以直接将其转换为排列组合图。

第一，想象会议流程，为每句话按时间顺序标上编号。

① 会议不能成为某一个人高谈阔论的一言堂。

⑤ 开会之前共享目标和要讨论的问题。

⑦ 主持人能够顺利地将偏题的讨论拉回主题。

⑧ 尽早将成形的会议纪要分发给与会人员。

③ 至少提前一天将会议资料和议程安排分发给与会人员。

④ 事先确认领导和核心与会人员现阶段的想法。

⑥ 如果无人发表意见，主持人可以抛砖引玉地提议，如"诸位觉得A方案怎么样？"。

② 让"会议的目的是决策"成为与会人员的共识。

第二，想象会议流程，按编号排序。

① 会议不能成为某一个人高谈阔论的一言堂。

② 让"会议的目的是决策"成为与会人员的共识。

③ 至少提前一天将会议资料和议程安排分发给与会人员。

④ 事先确认领导和核心与会人员现阶段的想法。

⑤ 开会之前共享目标和要讨论的问题。

⑥ 如果无人发表意见，主持人可以抛砖引玉地提议，如"诸位觉得A方案怎么样？"。

⑦ 主持人能够顺利地将偏题的讨论拉回主题。

⑧ 尽早将成形的会议纪要分发给与会人员。

第三，想象会议流程，按编号补充内容。

① 会议不能成为某一个人高谈阔论的一言堂。

② 让"会议的目的是决策"成为与会人员的共识（补充会议

的前期准备很重要）。
③ 至少提前一天将会议资料和议程安排分发给与会人员。
④ 事先确认领导和核心与会人员现阶段的想法。
⑤ 开会之前共享目标和要讨论的问题（补充会议当天的进程很重要）。
⑥ 如果无人发表意见，主持人可以抛砖引玉地提议，如"诸位觉得 A 方案怎么样？"。
⑦ 主持人能够顺利地将偏题的讨论拉回主题（补充会议的后续工作很重要）。
⑧ 尽早将成形的会议纪要分发给与会人员。

第四，插入新的条目，使理想的会议形式形成结构。
① 会议不能成为某一个人高谈阔论的一言堂。
② 让"会议的目的是决策"成为与会人员的共识。
③ 充分做好会前准备：
 - 至少提前一天将会议资料和议程安排分发给与会人员；
 - 事先确认领导和核心与会人员现阶段的想法；
 - 开会之前共享目标和要讨论的问题。
④ 确保会议顺利进行：
 - 如果无人发表意见，主持人可以抛砖引玉地提议，如"诸位觉得 A 方案怎么样？"；
 - 主持人能够顺利地将偏题的讨论拉回主题。
⑤ 会议的后续工作：尽早将成形的会议纪要分发给与会人员。

第五，可以保留情绪化的观点，但要将其调整至末尾。
① 让"会议的目的是决策"成为与会人员的共识。
② 充分做好会前准备：
　　- 至少提前一天将会议资料和议程安排分发给与会人员；
　　- 事先确认领导和核心与会人员现阶段的想法；
　　- 开会之前共享目标和要讨论的问题。
③ 确保会议顺利进行：
　　- 如果无人发表意见，主持人可以抛砖引玉地提议，如"诸位觉得A方案怎么样？"；
　　- 主持人能够顺利地将偏题的讨论拉回主题。
④ 会议的后续工作：尽早将成形的会议纪要分发给与会人员。
⑤ 会议不能成为某一个人高谈阔论的一言堂。

接下来进入步骤2，把整理完毕的文字填入图表即可。

步骤2：从句子框格图入手，整理逻辑结构

将上述内容整理为句子框格图，如图4-23所示。

第 4 章
掌握结构化思考，工作效率翻倍

```
┌─────────────────────────────────────────────┐
│ ①让"会议的目的是决策"成为"与会人员的共识" │
└─────────────────────────────────────────────┘
                      ↓
┌─────────────────────────────────────────────┐
│ ②充分做好"会前准备"                         │
└─────────────────────────────────────────────┘
                      ↓
┌─────────────────────────────────────────────┐
│ 至少提前一天将"会议资料"和"议程安排""分发"给"与会人员" │
└─────────────────────────────────────────────┘
                      ↓
┌─────────────────────────────────────────────┐
│ 事先"确认""领导"和"核心与会人员"现阶段的想法 │
└─────────────────────────────────────────────┘
                      ↓
┌─────────────────────────────────────────────┐
│ 开会之前"共享""目标"和"要讨论的问题"         │
└─────────────────────────────────────────────┘
                      ↓
┌─────────────────────────────────────────────┐
│ ③确保会议"顺利进行"                         │
└─────────────────────────────────────────────┘
                      ↓
┌─────────────────────────────────────────────┐
│ 如果无人发表"意见"，"主持人"可以抛砖引玉地提议， │
│ 如"诸位觉得 A 方案怎么样？"                  │
└─────────────────────────────────────────────┘
                      ↓
┌─────────────────────────────────────────────┐
│ "主持人"能够顺利地将偏题的"讨论"拉回"主题"   │
└─────────────────────────────────────────────┘
                      ↓
┌─────────────────────────────────────────────┐
│ ④会议的"后续工作"                           │
└─────────────────────────────────────────────┘
                      ↓
┌─────────────────────────────────────────────┐
│ 尽早将成形的"会议纪要""分发"给"与会人员"     │
└─────────────────────────────────────────────┘
                      ↓
┌─────────────────────────────────────────────┐
│ ⑤会议不能成为某一个人高谈阔论的"一言堂"     │
└─────────────────────────────────────────────┘
```

图 4-23　转换为句子框格图

步骤3：根据需要转换图表

将句子框格图转换为排列组合图，如图4-24所示。

```
大前提: 如果要给理想的会议下一个定义，那么应该是……
        让会议的目的是"决策"成为"与会人员"的共识
                            ↓
                           [?]  ← 需要承上启下的语句

遵循一框一句的原则
  会前准备①              会前准备②              会前准备③
  至少提前一天将         事先"确认""领导"        "开会之前""共
  "会议资料"和"议        和"核心与会人员"        享""目标"和"要
  程安排""分发"给        现阶段的想法            讨论的问题"
  "与会人员"
                            ↓
                           [?]  ← 需要承上启下的语句

如果无人发表意见，主持人
  会议进程①                          会议进程②
  可以"抛砖引玉"地提议，如            主持人能够顺利地将偏题的
  "诸位觉得A方案怎么样？"             "讨论"拉回主题
                            ↓
                           [?]  ← 需要承上启下的语句

  尽早将"成形"的"会议纪要""分发"给"与会人员"
                                        ← 这句话有些多
  会议不能成为某一个人高谈阔论的"一言堂"    余，可以删去
```

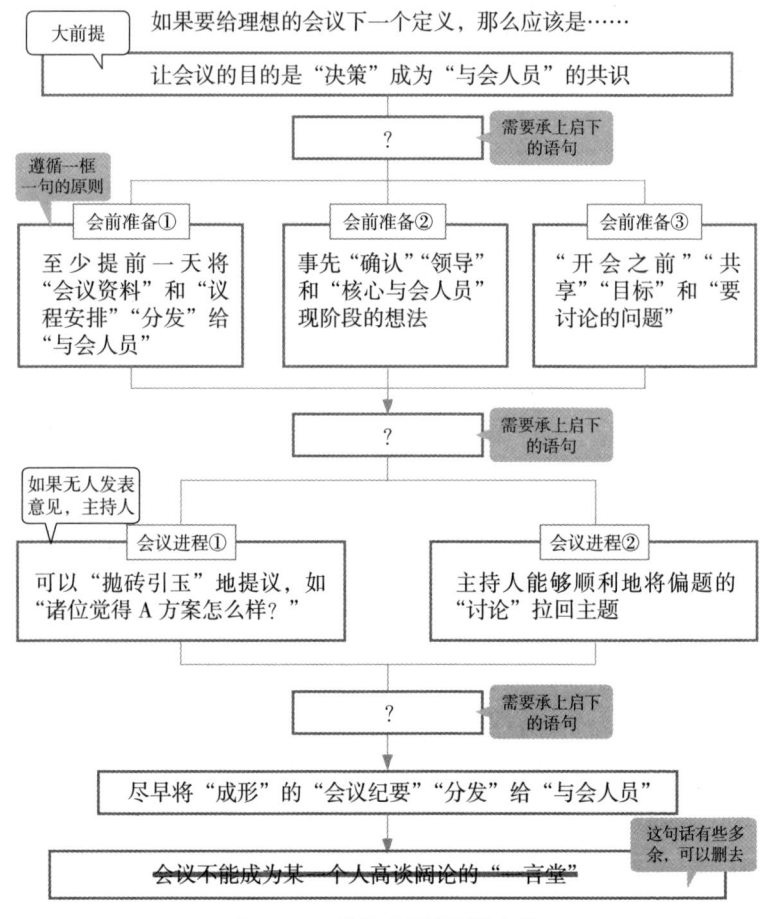

图4-24 转换后的排列组合图

第 4 章
掌握结构化思考，工作效率翻倍

调整完成后的图表如图 4-25 所示。

```
[大前提]  如果要给理想的会议下一个定义
         让会议的目的是决策成为与会人员的共识
                    ↓
              [首先是] 会前准备
         ┌──────────┼──────────┐
    [会前准备①]   [会前准备②]   [会前准备③]
    至少提前一天将会  事先确认领导和核  开会之前共享目标
    议资料和议程安排  心与会人员现阶段  和要讨论的问题
    分发给与会人员    的想法
         └──────────┼──────────┘
                    ↓
              [其次是] 会议进程
              ┌─────────┴─────────┐
    [如果无人发表
     意见，主持人]
         [会议进程①]          [会议进程②]
    可以抛砖引玉地提议，如诸位   主持人能够顺利地将偏题的
    觉得 A 方案怎么样？        讨论拉回主题
              └─────────┬─────────┘
                    ↓
              [最后是] 会后工作
                    ↓
         尽早将成型的会议纪要分发
                给与会人员
```

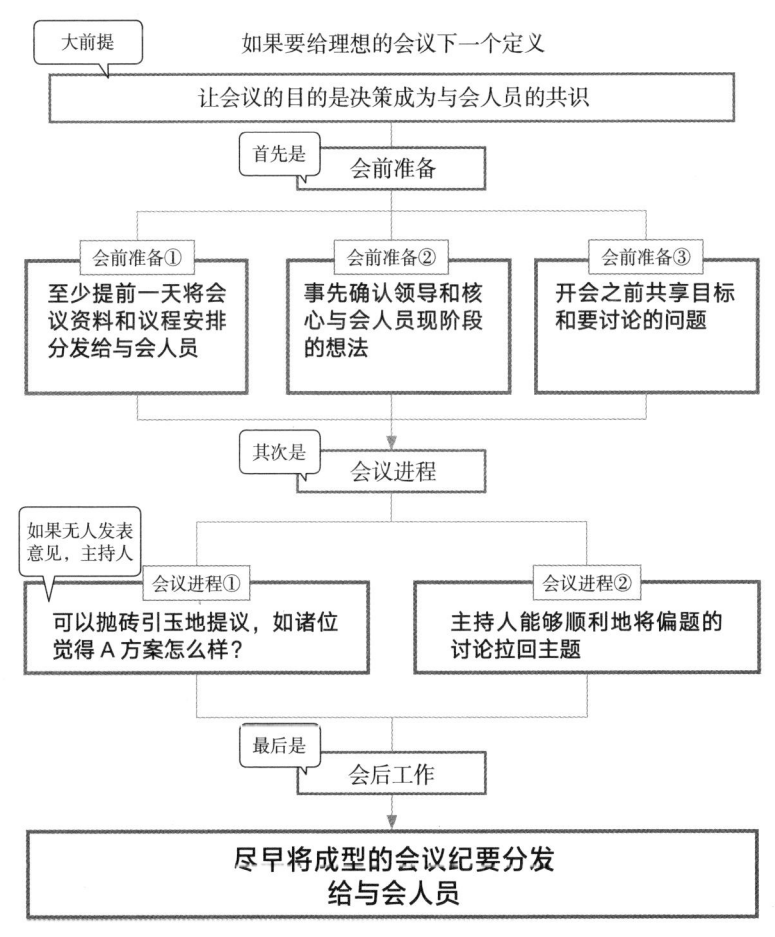

图 4-25 调整后的排列组合图

只剩最后一道练习题了，大家加油！

练习 7

假如你是一个团队的一把手,请设想你理想中的高层领导和中层管理人员的关系,用文字和图表表达出来。请写出你的想法或画出句子框格图。

示例参考

步骤1：写出思考的内容

在这个练习中，我们直接采用逐条列项的方式进行写作。

高层领导的职责，即只有高层领导才能办得到的工作。
- 明确组织的任务。
- 规划并运营组织。
- 明确各项标准（成果、人事、薪酬等）。
- 代表组织发言（展示社会地位）。
- 主动作为，化解公司面临的严重危机。

中层管理人员的职责，即从专业角度为组织做贡献。
- 以下属身份协助高层领导。
- 主动思考，积极作为。
- 第一时间掌握现场的变化。
- 推动领导做出能提升成果的决策。
- 提出授权和计划，调整需求。

步骤2：填入适当的图表

我们从步骤1中能够发现明显的对比关系，因此可以跳过句子框格图，直接制作对比要素图（见图4-26）。

```
                    高层领导和中层管理人员的职责
                    ┌──────────────┬──────────────┐
                ①高层领导                    ②中层管理人员
      ■ 明确组织的任务              ■ 以下属身份协助高层领导
      ■ 规划并运营组织              ■ 主动思考，积极作为
      ■ 明确各项标准（成果、人        ■ 第一时间掌握现场的变化
        事、薪酬等）          VS     ■ 推动领导做出能提升成果的
      ■ 代表组织发言（展示社会          决策
        地位）                     ■ 提出授权和计划，调整需求
      ■ 主动作为，化解公司面临
        的严重危机

         总结                           总结
      只有高层领导才能              从专业角度为组织
        办得到的工作                     做贡献
```

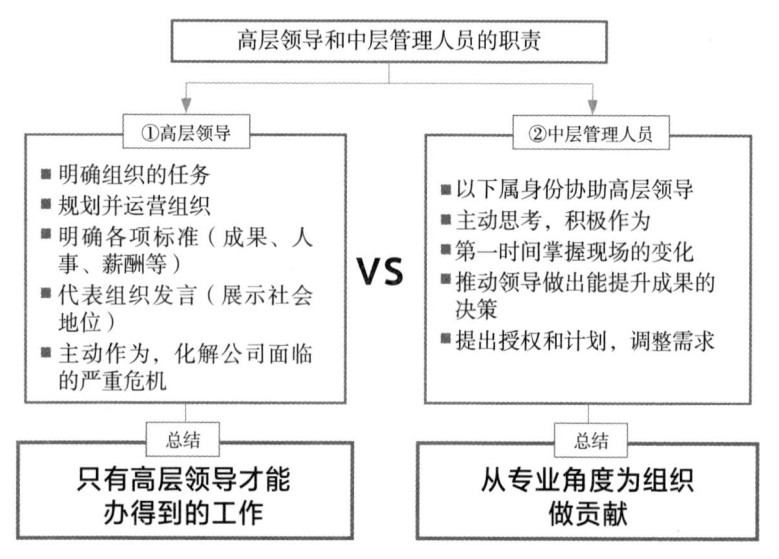

图4-26　直接制作对比要素图

这样就完成了。你学会了吗？正如练习7所示，某些情况下，运用七图法时可以在文章形成阶段就调整结构，然后直接转换为图表。

本书所介绍的都是基础的制图方法，相信你一定能够在不断的实践当中，找到适合自己的七图法。

后　记

在不断的训练中提升思维

正如文中所说，进步的关键在于熟能生巧。

20 年前，当我阅读一本商业书的时候，忽然间意识到了一个问题："一个不擅长读书的人，显然也不擅长解读一篇又一篇的文章。而让他去梳理错综复杂的行文思路，更是难上加难。"于是，我萌生了这样的想法：

"既然数据能够做成图表，那么文章应该也能这么处理。"
"如果将文章转换为图表可以变得层次分明，从而解决了读者阅读理解的烦恼。"
"站在作者的角度，写作就是为了表达真实意图、得到读者认可。"
"既然如此，文章图表化无疑是一个有的放矢的手段。"

"好，那就试试看吧。"

20年来，我制作的图表PPT超过2万张（见图H-1），这些图表材料摞起来后高达1.3米，数量之大一目了然。其中有约5 000张是为了更好地理解彼得·德鲁克的著作，而我的这一方法也因此荣幸地获得了翻译家上田惇生先生"体系化的新学习方法"的褒奖。

图H-1 作者制作的图表材料

当制作了超过1万张图表以后，我渐渐摸索出了一套类似方法论的东西。在此期间，我有幸以出版自己的作品为契机，将自己所做的研究形成体系、文字和规律，最终完成了这本拙作。

在此希望各位读者能够与客户建立起紧密的关系，通过反复进行七图法训练来改善技巧、丰富知识，提高下属、员工的阅读和思维能力，让大家都能取得理想的成就。学会七图法，它便是你的贴身秘籍。我保证，它将成为任何人都夺不走的、让你一生受用的商业利器。

附录1

结构化思考模板

因为句子框格图、明确定义图的结构较为简单,所以这里不再列举模板。此外,我还准备了一些 PPT 模板,以供想要立刻在电脑上实操七图法及其他更多变换形式模板的读者使用。

判断正误图的变换形式

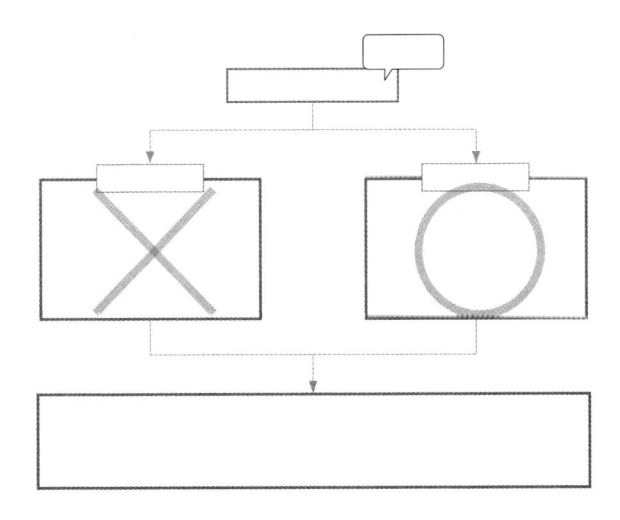

梳理要素图的变换形式

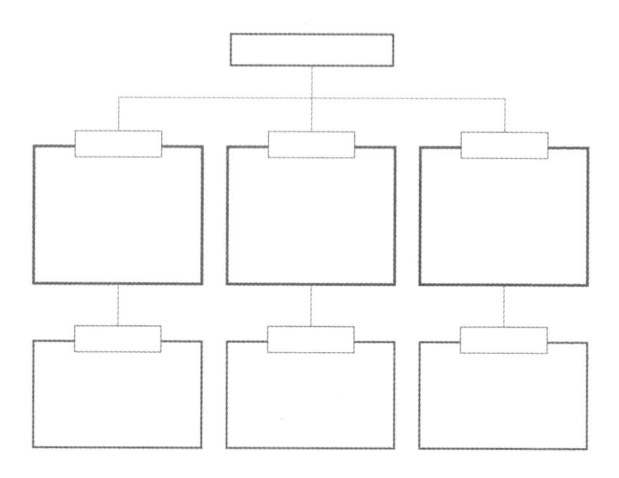

对比要素图的变换形式

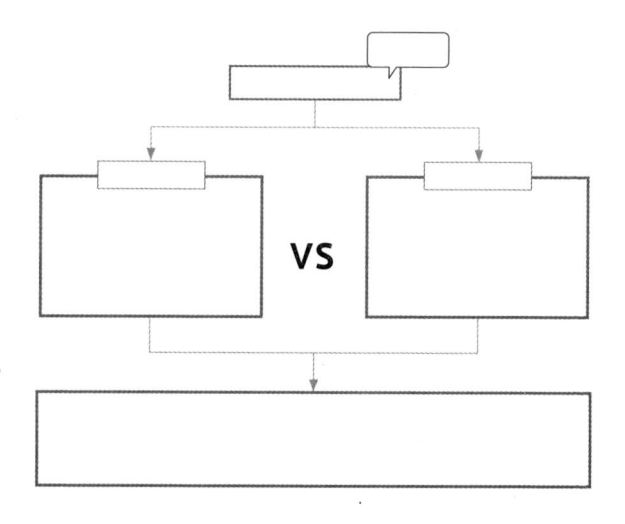

附 录 1
结构化思考模板

思考过程图的变换形式一

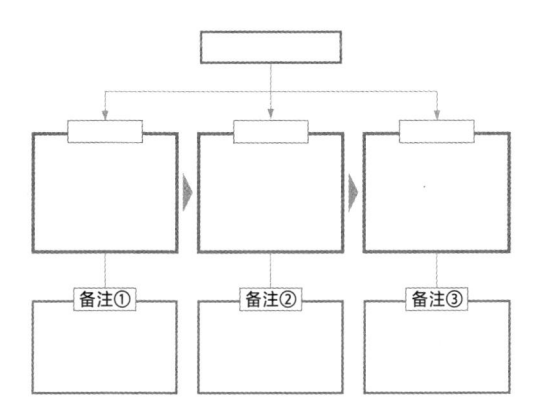

思考过程图的变换形式二

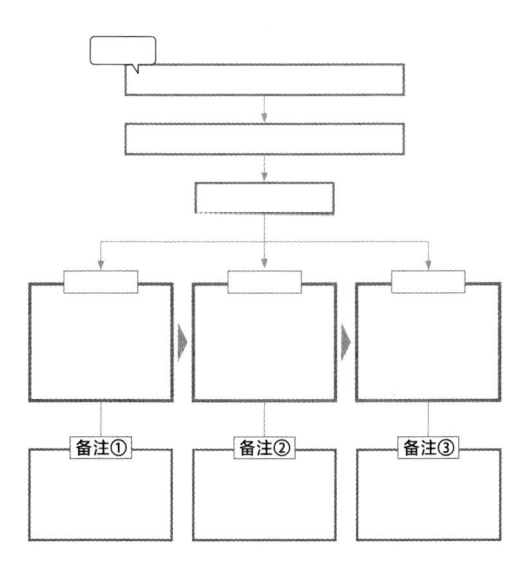

一生受用的"结构化思考"

思考过程图的变换形式三

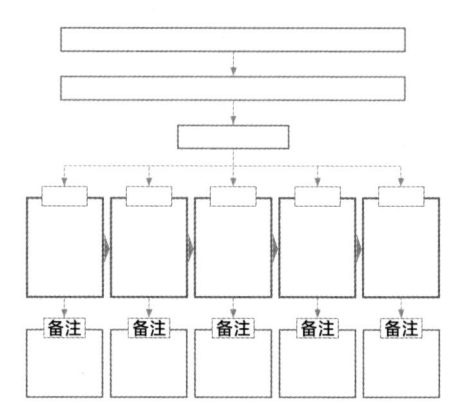

排列组合图的变换形式一

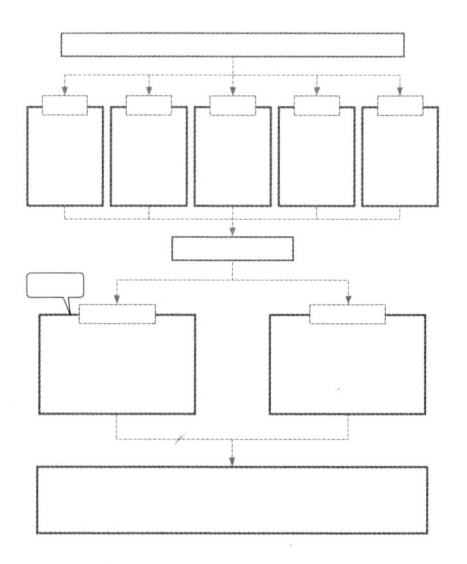

附录1
结构化思考模板

排列组合图的变换形式二

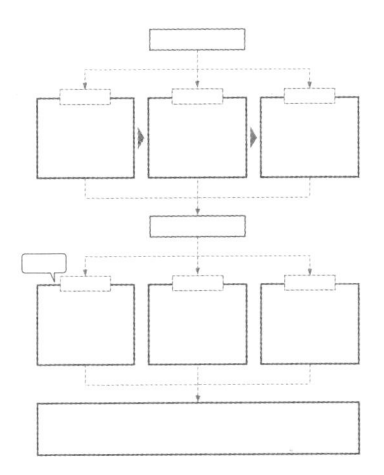

排列组合图的变换形式三

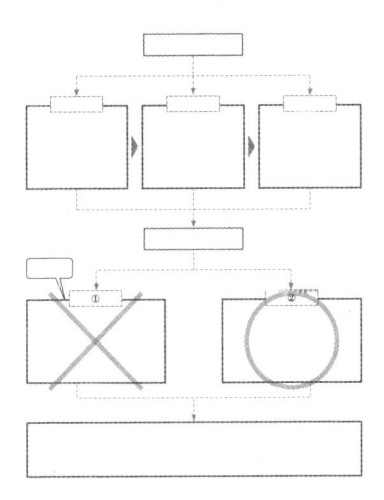

排列组合图的变换形式四

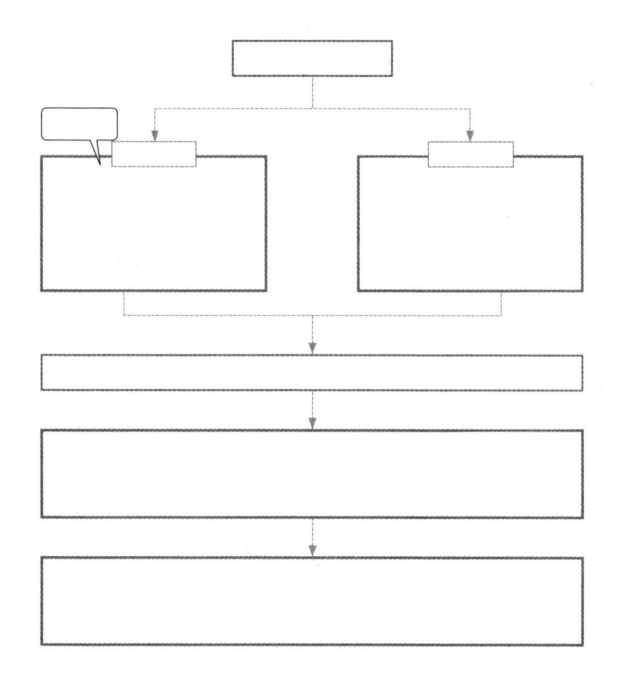

附录2

企划书模板

市面上的企划书模板数不胜数,但其中有助于研究事物的图表乃至图表模板数量,恐怕是寥寥无几。因此,我在这里向读者介绍一些可用于定义营销和业务的图表。七图法强大的通用性,由此也可见一斑。

业务策略规划

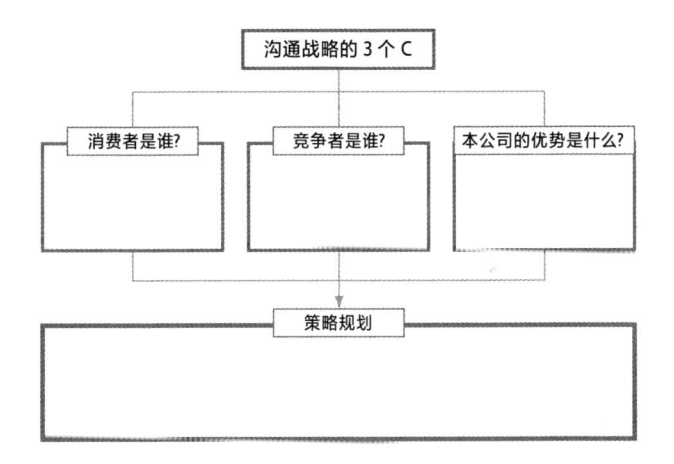

```
          沟通战略的 3 个 C
    ┌───────────┼───────────┐
消费者是谁?   竞争者是谁?   本公司的优势是什么?
    └───────────┼───────────┘
              策略规划
```

营销沟通规划

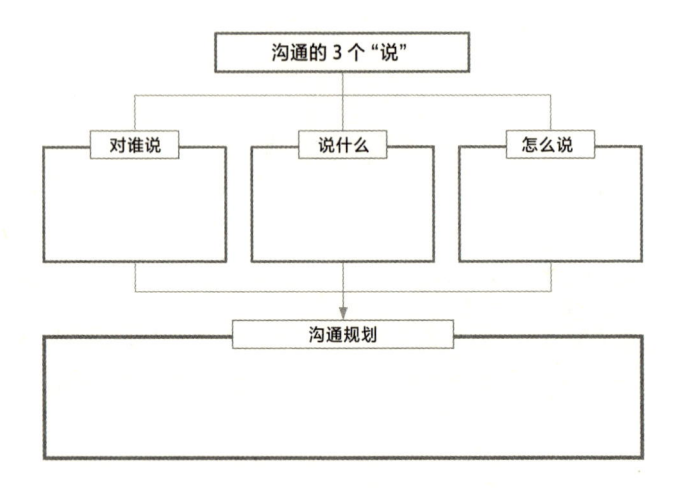

```
          沟通的 3 个"说"
         ┌──────┼──────┐
       对谁说   说什么   怎么说
         └──────┼──────┘
              沟通规划
```

某项工作的定义

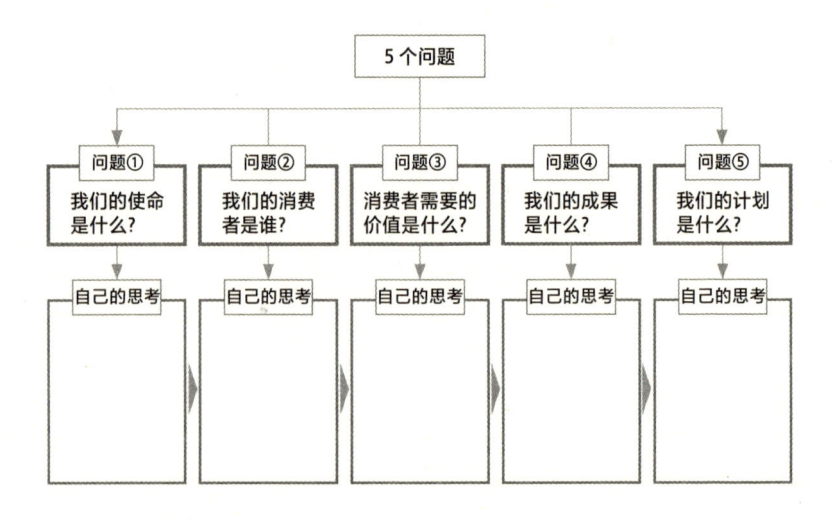

```
                5 个问题
     ┌───────┬───────┼───────┬───────┐
   问题①   问题②   问题③   问题④   问题⑤
   我们的使命 我们的消费 消费者需要的 我们的成果 我们的计划
   是什么?   者是谁?   价值是什么? 是什么?   是什么?
     │       │       │       │       │
   自己的思考 自己的思考 自己的思考 自己的思考 自己的思考
```

未来，属于终身学习者

我们正在亲历前所未有的变革——互联网改变了信息传递的方式，指数级技术快速发展并颠覆商业世界，人工智能正在侵占越来越多的人类领地。

面对这些变化，我们需要问自己：未来需要什么样的人才？

答案是，成为终身学习者。终身学习意味着永不停歇地追求全面的知识结构、强大的逻辑思考能力和敏锐的感知力。这是一种能够在不断变化中随时重建、更新认知体系的能力。阅读，无疑是帮助我们提高这种能力的最佳途径。

在充满不确定性的时代，答案并不总是简单地出现在书本之中。"读万卷书"不仅要亲自阅读、广泛阅读，也需要我们深入探索好书的内部世界，让知识不再局限于书本之中。

湛庐阅读 App: 与最聪明的人共同进化

我们现在推出全新的湛庐阅读 App，它将成为您在书本之外，践行终身学习的场所。

- 不用考虑"读什么"。这里汇集了湛庐所有纸质书、电子书、有声书和各种阅读服务。
- 可以学习"怎么读"。我们提供包括课程、精读班和讲书在内的全方位阅读解决方案。
- 谁来领读？您能最先了解到作者、译者、专家等大咖的前沿洞见，他们是高质量思想的源泉。
- 与谁共读？您将加入优秀的读者和终身学习者的行列，他们对阅读和学习具有持久的热情和源源不断的动力。

在湛庐阅读 App 首页，编辑为您精选了经典书目和优质音视频内容，每天早、中、晚更新，满足您不间断的阅读需求。

【特别专题】【主题书单】【人物特写】等原创专栏，提供专业、深度的解读和选书参考，回应社会议题，是您了解湛庐近千位重要作者思想的独家渠道。

在每本图书的详情页，您将通过深度导读栏目【专家视点】【深度访谈】和【书评】读懂、读透一本好书。

通过这个不设限的学习平台，您在任何时间、任何地点都能获得有价值的思想，并通过阅读实现终身学习。我们邀您共建一个与最聪明的人共同进化的社区，使其成为先进思想交汇的聚集地，这正是我们的使命和价值所在。

CHEERS

湛庐阅读 App
使用指南

读什么
- 纸质书
- 电子书
- 有声书

怎么读
- 课程
- 精读班
- 讲书
- 测一测
- 参考文献
- 图片资料

与谁共读
- 主题书单
- 特别专题
- 人物特写
- 日更专栏
- 编辑推荐

谁来领读
- 专家视点
- 深度访谈
- 书评
- 精彩视频

HERE COMES EVERYBODY

下载湛庐阅读 App
一站获取阅读服务

CHART DE KANGAEREBA UMAKU IKU by Yoshiki Ando.

Copyright © 2021 by Yoshiki Ando.

Original Japanese edition published by Discover 21, Inc., Tokyo, Japan

Simplified Chinese edition published by arrangement with Discover 21, Inc.

All rights reserved.

本书中文简体字版经授权在中华人民共和国境内独家出版发行。未经出版者书面许可，不得以任何方式抄袭、复制或节录本书中的任何部分。

版权所有，侵权必究。

图书在版编目（CIP）数据

一生受用的"结构化思考" /（日）安藤芳树著；姚奕崴译. -- 杭州：浙江教育出版社，2024.3
ISBN 978-7-5722-7648-4

Ⅰ.①一… Ⅱ.①安… ②姚… Ⅲ.①营销理念－通俗读物 Ⅳ.①F713.50-49

中国国家版本馆CIP数据核字（2024）第037940号

浙江省版权局
著作权合同登记号
图字：11-2023-477号

上架指导：商业新知

版权所有，侵权必究
本书法律顾问　北京市盈科律师事务所　崔爽律师

一生受用的"结构化思考"
YISHENG SHOUYONG DE "JIEGOUHUA SIKAO"

[日]安藤芳树　著
姚奕崴　译

责任编辑： 沈久凌
美术编辑： 韩　波
责任校对： 李　剑
责任印务： 陈　沁
封面设计： 张志浩

出版发行	浙江教育出版社（杭州市天目山路40号）
印　　刷	石家庄继文印刷有限公司
开　　本	880mm×1230mm　1/32
印　　张	5.375
字　　数	95千字
版　　次	2024年3月第1版
印　　次	2024年3月第1次印刷
书　　号	ISBN 978-7-5722-7648-4
定　　价	69.90元

如发现印装质量问题，影响阅读，请致电010-56676359联系调换。